Lar
Alicerce de **amor**

Lucy Dias Ramos

Lar
Alicerce de amor

FEB

Copyright © 2014 *by*
FEDERAÇÃO ESPÍRITA BRASILEIRA – FEB

1ª edição – 1ª impressão – 5 mil exemplares – 4/2016

ISBN 978-85-8485-063-1

Todos os direitos reservados. Nenhuma parte desta publicação pode ser reproduzida, armazenada ou transmitida, total ou parcialmente, por quaisquer métodos ou processos, sem autorização do detentor do *copyright*.

FEDERAÇÃO ESPÍRITA BRASILEIRA – FEB
Av. L2 Norte – Q. 603 – Conjunto F (SGAN)
70830-106 – Brasília (DF) – Brasil
www.febeditora.com.br
editorial@febnet.org.br
+55 61 2101 6198

Pedidos de livros à FEB
Gerência comercial
Tel.: (61) 2101 6168/6177 – comercialfeb@febnet.org.br

Dados Internacionais de Catalogação na Publicação (CIP)
(Federação Espírita Brasileira – Biblioteca de Obras Raras)

R175l   Ramos, Lucy Dias, 1935–

       Lar: alicerce de amor /Lucy Dias Ramos. – 1. ed. – 1. imp. – Brasília: FEB, 2016.

       241 p.; 23 cm

       ISBN 978-85-8485-063-1

       1.Família. 2. Espiritismo. I. Federação Espírita Brasileira. II. Título.

                                                CDD 133.9
                                                CDU 133.7
                                                CDE 80.01.00

Sumário

7 Família e vida

9 Apresentação

11 Prefácio

15 As famílias de antigamente

23 Lar, alicerce de amor

29 O amor é o caminho

33 Laços de família

37 A parentela corporal e os laços de família

43 Oração e trabalho

49 O lar e as influências espirituais

55 O idoso na família: conflito de gerações

61 As lentes do amor

67 Relacionamentos modernos

75 Distúrbios de comportamento no lar

83 Quando sofremos

89 Pacifique sua alma

95 Planejamento familiar e abortamento na visão espírita

101 Casamento e afetividade: desajustes conjugais e separações

109 Sexualidade e maturidade emocional

115 Viver e amar

121 Sair a semear

127 *Bullying* escolar: uma análise espírita

135 Depressão e tentativa de suicídio na fase infantil

145 Silêncio íntimo

151 Um Natal diferente

155 O caminho de volta

159 Importância do Evangelho no lar

167 Nossos filhos e suas escolhas

173 Coragem moral

179 Crise em família — dependência química e outras drogas

191 Modo de sentir

195 "Quem quer ser amado, ame"

201 A nova geração — crianças do século XXI e seus talentos

209 A família e a inclusão social da criança especial

217 Não te canses de amar

223 Filhos do coração — adoção na visão espírita

231 Meu tipo inesquecível

239 Referências

Família e vida

*Família é o ponto de encontro
Que a vida, em si, nos oferta,
Para a conta viva e certa
Do que se tem a fazer.
Às vezes, indica empresas
De amor, renúncia e talento;
De outras, é o pagamento
De débitos a vencer.*

*No lar, ressurgem afetos,
Dedicações incontidas,
Riquezas em luz de outras vidas
No tempo, a se recompor;
Mas também, dentro de casa,
É que o ódio de outras eras
Abre feridas austeras,
Reconduzindo ao amor.*

*Vemos pais largando os filhos
Com desprezo e indiferença,
E os filhos, em turba imensa,
Combatendo os próprios pais.
Parentes contra parentes,*

Lucy Dias Ramos

Lembrando aversões em brasa,
Unidos na mesma casa
Sob direitos iguais.

Se sofrimento em família
É o quadro em que te renovas,
Tolera farpas e provas,
Aceitando-as tais quais são!...
Não fujas!... Suporta e avança!...
Seja tolerância aonde vás.
Segurança pede paz,
E a paz é luz do perdão (XAVIER, 1984, cap. 24).

Apresentação

NÃO VAI LONGE meu primeiro contato com Lucy Dias Ramos. Conheci-a quando estive no lançamento de seu livro *Luzes do amanhecer*, na Bienal do Rio de Janeiro, há quatro anos. Fiquei cativada pelo seu sorriso, sua espontaneidade, seu modo tão digno de ser.

Posso dizer que a Doutrina Espírita ensejou nosso encontro, possibilitando-nos a convivência semanal na Casa Espírita de Juiz de Fora, nos grupos de estudo da terceira idade, Manoel Philomeno de Miranda e Joanna de Ângelis, todos coordenados pela fraterna amiga.

Etimologicamente, a palavra *lareira* vem de *lar*, que nos remete a calor, afetividade, reavivando em nós as sensações de aconchego, segurança, acalanto. Esse fogo sagrado deve ser mantido constantemente aceso, e o combustível para a manutenção dessa chama deve ser o amor, que a autora procura ressaltar como "o sentimento mais importante na preservação da família".

Sinto-me honrada por poder apresentar este novo livro de Lucy. Trata-se de uma obra de conteúdo ameno e esclarecedor, fruto das vivências e reflexões de uma mulher cristã, esposa e mãe, a nos trazer importantes contribuições para a construção do amor e da harmonia no lar.

Pestalozzi, o grande pedagogo do Instituto de Yverdon, na Suíça, emérito professor de Allan Kardec, sempre defendeu a ideia de que "educar é amar" e "amar é educar". Uma de suas frases mais notáveis é: "O amor é fundamento eterno da educação".

Como célula básica do organismo social, o grupamento familiar fornece os fundamentos em que se estrutura a sociedade. Nesse bastão seguro chamado lar, encontra-se o educandário de elevado significado para a formação ético-moral e o desenvolvimento afetivo das criaturas.

Nossa sociedade está carente de valores morais em razão da desestruturação das famílias. O que acontece no mundo é uma projeção do que ocorre dentro dos lares.

Apoiada nos fundamentos da Codificação Espírita e em bibliografia de qualidade, a autora registra as mais variadas situações no relacionamento humano, analisando-as em linguagem poética e plena de lógica, coerência e clareza.

As variadas posições que o Espírito desempenha na vida familiar, tais sejam os de filho, irmão, pai, mãe, sogra, avô e outros, são consideradas sob o prisma da programação reencarnatória e da visão de que o amor deve ser o grande fundamento da educação.

Alma sensível, Lucy imprime nas páginas deste livro os seus mais íntimos e profundos sentimentos que ressumam de suas experiências vivenciais e dos valores morais que lhe formam o caráter.

Ao enfocar os problemas do relacionamento humano, equaciona-os adequadamente, apontando a educação dos sentimentos e das emoções como solução e, como fundamento, o amor que Jesus nos ensinou na condição de Mestre insubstituível em nossas vidas.

MARIA DE FÁTIMA TASSI MARTINS

Prefácio

Nas tarefas desenvolvidas no Movimento Espírita, principalmente na divulgação em artigos de revistas, palestras e outras atividades doutrinárias, procurei dar ênfase ao tema "família" porque compreendi, desde cedo, que, no grupo familiar, teria oportunidade de exercitar o amor, a paciência, o perdão e a tolerância. Somente com esse aprendizado poderia exercer, em outras áreas, a fraternidade e o amor.

Compreendi também que, nesse exercício constante do amor aos que formam a família na presente encarnação, teria a maior tarefa a desempenhar para libertar-me dos atos equivocados do passado, das dívidas e dos compromissos que foram sendo adiados até que eu alcançasse a maturidade necessária para enfrentá-los e, de forma positiva, solucioná-los.

Reconheço ser o lar a escola abençoada onde nossas almas edificam as virtudes mais nobres e se preparam para vivenciar, mais amplamente, em outros núcleos assistenciais e no mundo, o que assimilamos no trato com os problemas enfrentados no relacionamento com o grupo familiar.

Nasci em lar espírita e tive a ventura de receber, desde a infância, a influência benéfica dos que me orientavam por meio das lições edificantes do Evangelho de Jesus e dos ensinamentos lúcidos do Espiritismo.

Na Casa Espírita, tive a oportunidade de desenvolver tarefas que enfocam a família estruturada na exemplificação do que me esforço para ser, amealhando, ao longo do caminho e na vivência doméstica, as experiências e conquistas morais.

Com outros companheiros, criamos alguns setores voltados para esse tema, como o Departamento de Assuntos da Família, o Grupo da Terceira Idade e o Tratamento Espiritual da Criança, que me deram subsídios para um melhor conhecimento dos problemas que afligem o grupo familiar.

Além dessa valiosa experiência que me leva a estudar e me adequar para desenvolver atividades nesses setores, tenho uma família numerosa, com filhos, netos, bisnetos e todos aqueles que foram se agregando com as uniões pelos casamentos e os que compartilhavam o lar acolhedor que procurei manter enquanto os filhos viviam conosco e ainda não haviam partido para o mundo espiritual meu companheiro e minha filha mais velha.

Mesmo após a dor dessas separações, mantive meu coração voltado para os deveres assumidos com meus familiares e às tarefas empenhadas no Movimento Espírita.

Entretanto, não me sinto encorajada a manter certas reuniões familiares e encontros festivos e vou, aos poucos, distanciando-me dos núcleos que vão surgindo com o crescimento de cada novo grupo dos filhos casados. Parece que estou me desapegando ou alargando os laços que nos prendem, mesmo conservando no coração o amor por todos eles. Não sei se esse sentimento é experimentado por todas as pessoas, mas comigo tem sido assim, como se minha alma pressentisse a necessidade de ir preparando a finalização do ciclo biológico, o que é natural nesta grande viagem que é a vida de todos nós.

Outras pessoas reagem de forma diferente, mas senti ser essa posição mais harmoniosa e menos sofrida para o meu coração de mãe.

Tal fato colaborou para que eu pudesse repassar para vocês mais este livro, baseado em experiências no grupo familiar, nos atendimentos realizados na Casa Espírita e nas mudanças que foram se fazendo com os núcleos dos filhos casados, os netos formando outros grupos, alguns fora do Brasil, o nascimento de bisnetos. Tudo isso enriquece minha vida de novas experiências e novos aprendizados.

Desde que me dispus a escrever este livro, foram se formando em minha mente o que eu poderia realizar, ainda, para ajudar os que buscam apoio à luz do Espiritismo para compreender as diversas situações conflitantes que surgem no seio da família.

Com os estudos realizados para reciclar e preparar nova equipe de trabalho no Tratamento Espiritual da Criança (TEC), na Casa Espírita, vários temas foram enfocados e fizeram crescer dentro de mim o desejo de abordar assuntos que atendam os que buscam orientações sobre problemas vivenciais com a criança, o idoso, o adolescente, os parceiros que na modernidade tomam atitudes imprevistas e inovadoras, alguns perturbando a harmonia do lar.

Sem seguir uma ordem de assuntos, fui entremeando algumas mensagens que, acredito, ajudem a todos na reflexão mais demorada em torno da existência e seu sentido real, buscando na espiritualidade e no refinamento dos sentimentos e emoções o equilíbrio saudável para vencer as dificuldades e os conflitos familiares.

Não há nada novo, nem fórmulas mágicas, apenas procuro ressaltar o sentimento mais importante na preservação da família — o amor — sem o qual nada terá solução que mereça a renúncia e a compreensão para o ajustamento de todos neste abençoado reduto: o lar, alicerce de amor a nos preparar para as edificações superiores.

O respeito mútuo, a tolerância, a paciência e todas as necessárias atitudes serão desenvolvidas à luz do amor que edifica e constrói, vencendo sempre a sombra das imperfeições morais que tentam impedir a visão clara e benéfica que advém da vivência fraterna que se solidifica quando todos buscam entender o que é a família cristã.

Desenvolvi alguns assuntos da família nos tempos atuais e algumas propostas que nos ajudarão a vencer certas dificuldades e ações perturbadoras da paz. Apresento alguns capítulos específicos sobre a criança e as implicações de alguns distúrbios psíquicos que dificultam seu desenvolvimento.

Desejo que minha experiência, os casos e as narrativas vividas que procurei descrever, dando um toque de descontração na leitura dos capítulos, o faça compreender, estimado leitor, que somos todos irmãos, filhos de Deus e que a humanidade é nossa família.

É meu desejo ressaltar que é no recinto do lar edificado no amor e na compreensão que aprenderemos a amar e respeitar a todos os que caminham conosco nessa hora de transição com promessas de paz e luz depois de vencidas as lutas redentoras!

Alicerce de amor é o que desejo que você construa na formação de sua família ou na restauração dos vínculos que permanecerão como pilotis estruturados na vivência desse sentimento nobre, mantenedor da fortaleza da fé e da confiança em Deus.

Lucy Dias Ramos
Juiz de Fora (MG), 22 de fevereiro de 2013.

As famílias de antigamente

Dizem que família é sempre a mesma coisa. Os mesmos problemas de relacionamento, as mesmas crises, os mesmos conflitos existenciais. Todavia, em muitos grupos familiares, quando a coisa fica mais complicada para alguém ou surge alguma enfermidade grave, todos se unem para ajudar.

Há os que discutem por qualquer problema, os que não gostam de ser contrariados, os que concordam com tudo, depois fazem do seu jeito, e até aquele que se faz de bonzinho e, pelas costas, reclama e ofende sem razão os que são seus parentes.

Mas existem famílias que vivem em harmonia dentro da relatividade dos tempos atuais, mesmo enfrentando dissabores e lutando contra as dificuldades da vida. Graças a Deus existem, apesar de raras. Entretanto, são as mais felizes!

Analisando mais profundamente, podemos dizer que existem diferenças sociais, culturais e religiosas. Existem fatores a serem considerados quando analisamos os objetivos de sua formação, desde a mais conservadora do século passado até a mais moderna família do século

XXI, diferenciando-as e demonstrando que, mesmo na diversidade, a família é a grande esperança de renovação da sociedade nesta transição que vivenciamos.

Grandes mudanças ocorreram nas últimas décadas, basta observarmos os costumes, as normas, a educação, os hábitos alimentares, as uniões afetivas e a maneira como os pais lidam com os filhos e vice-versa. Talvez não se tenha alterado o conceito de família com relação a preservar os valores morais nas que ainda seguem regras e tradições, embora muitos considerem ultrapassadas tais normas.

Não é preciso voltar muitos anos no calendário da vida.

Se analisarmos a vida atual de cada um de nós, as mudanças e alterações existentes, verificaremos o quanto estamos distanciados das famílias tradicionais do século passado.

Algumas modificações foram boas no sentido de buscar mais conforto e aproximação por meio dos avanços da tecnologia e dos valores reais da liberdade de expressão que facilitam o intercâmbio. Outras, porém, foram modificadas e adaptadas seguindo o influxo do pensamento moderno, graças à mídia, que influencia desde a criança até o adulto, com inovações no sistema educacional, nas leis sociais e civis que abriram novas portas para que os anseios de liberdade fossem atendidos.

Infelizmente, sem a educação moral, sem os limites que a ética estabelece segundo as diretrizes de cada família ou comunidade, fica muito difícil aceitar tantas inovações que alteram profundamente o respeito e a credibilidade do ser humano em seu intercâmbio com os que participam de sua vida ou sofrem sua influência.

Há uma interdependência entre todos nós que vivemos em sociedade e não podemos nos isolar completamente com o intuito de preservar nossos valores.

Os fatores que nos sustentam no turbilhão de novidades deste século deverão ser preservados e, indiscutivelmente, considero a família como a base, a estrutura na qual serão assentados os valores morais que nos preservarão da negligência e do desequilíbrio diante das lutas terrenas.

Recordo-me com respeito e carinho de minha família, de meus pais, que sustentaram minhas primeiras investidas na presente encarnação. E, felizmente, houve uma preparação, um cuidado em preservar os valores que tentei repassar ao meu grupo familiar.

Descrever o que vivenciei ou repetir o que meus pais falavam de seus antepassados, das ocorrências familiares e tantas aventuras que eles vivenciaram corajosamente, vencendo todas as dificuldades de comunicação, de recursos médicos e de manutenção básica — coisas que apenas os mais ricos possuíam a contento —, não é o objetivo deste livro. Todavia, foram esses conceitos que me ajudaram a vencer as lutas de cada dia e buscar em seus exemplos a motivação maior para viver com equilíbrio e fé em Deus.

O problema social era quase inexistente porque havia uma fraternidade mais amena entre todos, pelo menos no interior do Brasil, na região onde morávamos, nas Minas Gerais. Quanto à assistência médica, havia o abençoado médico da família, compadre abnegado que, de forma humanitária, atendia a todos, mesmo os que não podiam remunerar seu trabalho com dinheiro, mas o faziam com o que possuíam de melhor em suas casas ou sítios — verduras, frangos, ovos, carnes de porco já preparadas e até mesmo algum animal de estimação.

Os menos favorecidos com essa dádiva da medicina antiga — o médico da família — podiam recorrer aos farmacêuticos, que atendiam e indicavam remédios, chás, pomadas, vermífugos e ouvi muitas vezes meus pais dizerem a um serviçal da casa: "João, vai até a farmácia do Sr. Bernardo e peça a ele um remédio para dor de cabeça". Outras vezes, já indicavam o nome do medicamento e em poucos minutos o empregado voltava com o que havia sido encomendado.

Completando toda essa facilidade, havia, ainda, a homeopatia e os chás caseiros — abençoados remédios que curavam quase tudo, desde a dor de cabeça até o mal-estar de minha mãe, a enxaqueca da tia, a dor de dente do irmão e a cólica da empregada doméstica. Aliás, não chamávamos de empregados ou serviçais as pessoas que colaboravam no lar. Mencionei esses termos para que compreendessem que me referia aos amigos que cuidavam da casa, do jardim, de todos nós e que chamávamos carinhosamente pelo nome ou algum apelido. Eram todos da família.

Pelo que escrevi até agora, vocês vão compreendendo como as famílias eram simples e a vida, em alguns aspectos, mais confortável! É claro que as enfermidades graves levavam de nosso convívio os entes queridos. Hoje, em sua maioria, são facilmente debeladas. Mas estou apenas enfatizando os valores reais de uma boa convivência familiar, de gente simples e ordeira que trabalhava e nutria a gentileza, a cordialidade e a solidariedade com o grupo social no qual a família estava inserida.

Outras diferenças marcantes existiam nos hábitos alimentares: o café era servido sempre em torno das sete horas, mesmo nas férias escolares. Para quem não levantasse nesse horário, uma bandeja completa era encaminhada ao quarto do dorminhoco para não atrapalhar a rotina da casa. O almoço era servido às 11 h 30 min e, na parte da tarde, havia o café das quinze horas com bolo, biscoitos, pão fresquinho, leite ou suco. O jantar era servido mais tarde, em torno das 18 h 30 min, e se prolongava com as conversas e casos por mais tempo, quando falávamos de nossas atividades daquele dia e meu pai aproveitava para contar alguns episódios com fundamento moral que ficaram gravados para sempre em nossas mentes. Quando ele falava, todos ficávamos quietos escutando suas histórias e narrativas.

Já com mamãe era diferente, falávamos também e podíamos até dar apartes ou discordar. Ela não se importava e ria conosco quando o caso era tomado como brincadeira. Sempre bem humorada e sorrindo, era diferente de meu pai, que mantinha um semblante sério e enérgico que se desmanchava em sorrisos com um beijo da caçula ou um agrado que lhe fazíamos.

À noitinha, levávamos cadeiras para a calçada em frente à casa onde morávamos em Barra do Piraí, e os vizinhos faziam a mesma coisa. Os mais velhos conversavam numa confraternização saudável e amistosa, enquanto as crianças brincavam de roda, de pular corda ou outras diversões tão simples, mas que nos encantavam em momentos de lazer.

Não havia TV, nem os jogos eletrônicos, nem as facilidades da vida moderna, dos meios de comunicação e entretenimentos, mas éramos felizes e o relacionamento humano era mais duradouro e fecundo.

Ah! Quantas saudades da família à moda antiga... Eram realizadas visitas, comemoravam-se em casa os aniversários e os casamentos que dariam um livro se os descrevêssemos todos.

Um casamento vou relatar resumidamente: foi quando se casou minha irmã mais velha (eu estava com 4 anos), no dia 31 de dezembro de 1939.

A começar pela data, 31 de dezembro, quem se casa hoje nesse dia?! Pouca gente. Mas ela casou e foi uma linda festa!

Chovia torrencialmente, e a dificuldade de transporte fez com que meu pai fretasse um ônibus que levaria os convidados até a capela do colégio onde ela estudara e agora lecionava. Já éramos espíritas, mas a madre era muito amiga de minha irmã e consentiu que ela, sem rituais ou outras formalidades, se casasse na capela do colégio, mesmo não sendo católica.

Nos dias anteriores ao casamento, os parentes começaram a chegar de outras cidades, como Rio de Janeiro, São Paulo, Belo Horizonte, Ubá, Guarany, Juiz de Fora, e foram sendo alojados nas casas de outros tios e amigos, porque não caberiam todos em nossa casa. Entretanto, muitos ficaram e eu me recordo das primas e primos que se reuniam conosco para brincar todas as tardes.

A festa (não se falava "recepção") após o casamento seria em nossa casa, que foi preparada para receber os convidados. Havia um quarto onde ficavam os doces e, na parte mais próxima da porta, ficava instalado um barril de chope com torneirinha. Em outro quarto, havia uma mesa grande com cadeiras e sofás onde seriam servidos os salgados, que não eram os delicados canapés que conhecemos ou salgadinhos, mas carnes variadas, aves, arroz branco e colorido e massas preparadas com requinte e variados molhos.

Hoje, os hábitos são outros e não existe a simplicidade de outrora porque contratamos um *buffet* que organiza tudo, bem diferente do casamento que estou relatando.

Eu adorava minha irmã e fiz questão de ir com ela e meu pai no carro que conduziria a noiva. Lembro-me bem de sua mão afagando meus cabelos e dizendo: "Na volta, você virá de ônibus porque não poderá vir comigo, somente o noivo". Detestei aquele noivo por uns momentos.

Na volta, corri na chuva atrás do carro dos noivos sem conseguir alcançá-los e somente parei quando mãos vigorosas (de meu pai) pegaram-me e colocaram-me no banco do ônibus. Não considerando esse incidente, foi uma linda festa e todos estavam felizes!

Depois do casamento, os noivos foram para a casa deles na mesma cidade porque não poderiam viajar com tanta chuva. E alguns parentes ficaram uns dias conosco.

Para nós, crianças, a festa estava começando, porque nos reuníamos todas as tardes no tal quarto dos doces (sobraram alguns) e dançávamos, rodando e cantando, comendo aquelas guloseimas e, quando passávamos perto do barril de chope, dávamos uma bebidinha na torneirinha donde escorria um líquido muito amargo e quente.

Quando falo "todas as tardes", devemos considerar duas ou no máximo três, porque o tempo para nós, crianças, é uma eternidade quando recordado após tantas décadas.

Não demorou muito e todos nós estávamos indispostos, com enjoo, vômito e depois diarreia. Ninguém conseguia entender por que acontecera esse incidente. Até que meu irmão contou o que fazíamos e rapidamente sumiram com o tal barril e esvaziaram o quarto onde tivemos momentos de muita alegria e diversão.

Nunca mais consegui ingerir nada parecido com aquela bebida! Mas continuo gostando muito de doces!

Lar, alicerce de amor

A CASA ONDE morávamos era muito bonita, com pinturas nas paredes da sala de jantar e na varanda que ficava junto ao jardim em estilo francês. No início do século passado, havia uma influência muito grande desse estilo nas construções e no urbanismo.

Um comerciante rico a construíra para sua esposa, mas ela não quis morar longe do centro e, principalmente, da praça onde moravam as famílias mais importantes da cidade. Não conseguindo convencer sua companheira a transferir a residência para aquele local, decidiu alugar, e meu pai foi o candidato aceito por ele.

A casa, decorada com requinte, tinha pinturas feitas por artistas do Rio de Janeiro, varanda contornada por uma grade de ferro com desenhos simétricos e chão revestido por ladrilhos coloridos. Tudo muito apropriado aos costumes daquela época.

No jardim, não havia espaço para um gramado, mas, entre os canteiros simétricos, os caminhos estreitos eram forrados de pedrinhas (seixos) lisas que não machucavam os pés quando caminhávamos, mesmo descalços. As flores eram cultivadas com carinho, sendo as mais comuns naquela época dálias, rosas, hortênsias e margaridas.

Junto ao muro lateral, havia um coqueiro lindo, cujas folhas verdes estavam sempre se balançando ao vento como se fossem braços estendidos na direção do céu. Eu ficava contemplando aquele coqueiro e gostava de seu porte elegante, de suas folhas verdes enormes. Quando florescia, ficava mais lindo ainda.

Eu conversava com ele, com as flores dos canteiros e ia dando-lhes apelidos de acordo com o movimento que faziam. Lembro-me de que as margaridas amarelas, singelas, estavam para minha alma infantil sempre sorrindo e, quando eu passava por elas, dizia: "Como vocês são felizes!" Já o coqueiro, sozinho no canto do jardim, parecia tão solitário e triste... Até hoje, em minhas andanças, quando vejo um coqueiro sozinho na paisagem, seja na colina distante ou nas florestas de galerias contornando os rios, recordo aquele coqueiro.

Essa casa que marcou minha infância, embora eu tenha morado nela por pouco tempo, foi o ponto de reencontro de nossa família, porque meu avô havia perdido a fazenda na crise dos anos 1930 com a queima das lavouras de café e meu pai, deixando a administração da fazenda, ficou desempregado. Tentou negociar com gado, teve um açougue, mas não foi feliz nesses empreendimentos. Após muitas lutas, conseguiu uma representação comercial numa fábrica do Rio de Janeiro e passou a viajar.

Antes de meu pai conseguir o novo emprego, nos separamos porque ele foi morar em Barbacena, na casa do filho mais velho, já casado, tentando conseguir uma colocação em determinada firma. A família ficou dividida: alguns filhos foram com ele e minha mãe, e eu fiquei com minha irmã mais velha em nossa cidade natal, na casa de uns tios. Foram poucos meses. Todavia, para mim, foi uma eternidade!

Numa inesquecível tarde de outubro, meus pais e irmãos retornaram e chorei de emoção e felicidade!

Mudamos para essa linda casa que ele alugara pouco antes do casamento de minha irmã mais velha, onde moramos durante algum tempo. Depois fomos morar mais perto do centro da cidade porque meu pai se ausentava muitos dias do lar e nós não poderíamos ficar tão isolados naquela rua.

Acho engraçado agora esse fato porque a tal rua fica muito perto do local para onde nos mudamos, talvez uns 300 metros, mas, naquela época, ou se morava na praça (os mais ricos) ou na rua principal da cidade onde se aglomeravam várias casas.

Morei durante pouco tempo na casa do coqueiro, mas sentia-me muito feliz. Nessa casa, eu completara seis anos e vivenciei momentos inesquecíveis que guardo na lembrança como relíquias que não desejo esquecer. Recordo-me de uma reunião da família num jantar inesquecível!

Após alguns meses separados, voltamos a viver todos juntos. Nesse jantar, sentia-me tão feliz que nem conseguia comer. Meu olhar fitava os móveis lindos que meu pai comprara, as pinturas de frutas nas sancas sob o teto da sala — maçãs, melancias, uvas que desciam como se fossem cair — e, além de todo esse encantamento, a presença de meus pais e irmãos sorridentes e falando sem parar.

Eram tantas as coisas que ficaram represadas naqueles meses de separação... Agora poderíamos, de novo, ficar à vontade no lar que nos acolhia como outrora, onde respirávamos amor, proteção e compartilhávamos a vida que era somente nossa.

Morei com meus pais e irmãos em outras residências, tanto em Rio Novo como em Barra do Piraí, para onde nos mudamos em 1943, mas a casa do coqueiro teve um encanto especial para mim.

Falando de casas como os locais em que residimos e nos quais temos a proteção física contra as intempéries do tempo, como abrigo que nos acolhe, onde nos alimentamos juntos, no qual dormimos sob o mesmo teto, desejo fazer uma distinção entre estar nesse local sem que estejamos unidos pelo amor, pela afeição recíproca, e o lugar que nos abriga, fisicamente apenas. Este poderá ser apenas a simples casa de alvenaria ou madeira, como poderá ser uma linda mansão. Entretanto, se não existe afeição unindo o grupo familiar, não passa de uma casa.

Quando a casa tem a característica daquele lugar onde nos sentimos bem, amparados, para onde desejamos voltar sempre e desfrutar da afeição, do carinho e do conforto espiritual ao lado dos que amamos, este ponto de encontro passa a ser *o lar*, onde desenvolvemos atividades que enriquecem nossas almas, onde exercitamos a paciência, a solicitude, onde a união e o companheirismo são espontâneos em decorrência da afinidade dos espíritos que ali se agrupam.

Sabemos como são difíceis os dias atuais, quando a diversidade gera conflitos, insegurança mesmo dentro das paredes de um lar. Cabe a cada um de nós manter a gentileza, a cordialidade, o bom humor, a educação no trato com todos os que vivem conosco para amenizar as lutas que enfrentaremos lá fora, onde não existe o respeito e o aconchego que encontramos no lar.

Nossos filhos, desde cedo, aprendem com nosso exemplo, que os influencia com maior intensidade do que as palavras, os gestos e as reprimendas que usamos para corrigi-los. E cresce a responsabilidade dos pais espíritas, que terão melhores condições de orientar e educar aqueles que foram confiados à sua guarda.

Joanna de Ângelis nos leciona:

> Passa os teus planos e projetos pelo crivo da autocrítica e informa-te de como gostarias que o outro agisse em relação a ti, caso fosses o agressor, o infeliz perturbador... Do mesmo modo, atua de consciência reta; no entanto, não te conturbes sob pontos de vista doentios, arrogantes, que te trarão dramas íntimos, agora ou mais tarde. Sejam os teus atos um reflexo de tua paz, que deves cultivar com os esforços de todo dia e os investimentos de toda hora (FRANCO, 2010, cap. 7).

Transformar a casa onde moramos, seja ela confortável e rica ou um simples apartamento, no ambiente acolhedor e amigo, confiável e tranquilo, onde nossas almas se refazem dos embates da vida, é dever de todos nós que já reconhecemos a grande responsabilidade de ter o encargo da formação e orientação de uma família.

O lar, ponto de encontro de nossas almas no turbilhão das vidas sucessivas, deverá ter em seus alicerces o amor como o sustentáculo de toda a programação espiritual para as vidas que ali se agrupam. Somente assim estaremos cumprindo a missão que nos foi confiada ao organizar uma família, recebendo os filhos e a parentela para uma jornada de lutas e buscando, como formadores de opinião e educadores, influenciar positivamente aqueles que convivem conosco e estão sob nossa responsabilidade na vida atual.

Filhos adultos, na continuidade da vida de relação, deixam o lar para viver suas experiências e organizar seus grupos familiares, mas mantêm com os pais que souberam desenvolver em seus corações a vinculação afetiva os elos indestrutíveis dos sentimentos desenvolvidos no lar.

Compreendendo que a família não é apenas resultante de um acidente biológico e que leis sábias conduzem ao mesmo lar Espíritos afins ou ligados por erros pretéritos em condições de saná-los, envidaremos esforços para criar no ambiente doméstico um local de paz e segurança para, por meio do amor, conseguir ajudar o grupo familiar em suas conquistas e lutas.

Para finalizar este capítulo, deixo para nossa reflexão o pensamento da nobre benfeitora Joanna de Ângelis:

> O mandamento maior preconizado por Jesus recomenda que o amor deve ser incessante e inevitável, coroando-se de perdão pelas ofensas recebidas. No grupo familiar, esse amor deve ser mais expressivo, conduzindo o perdão a um tão elevado grau, que quaisquer ressentimentos de ocorrências infelizes se façam ultrapassados pela compreensão das dificuldades emocionais em que os genitores viviam, em razão da sua imaturidade moral, e mesmo de sutis causas

que remanesciam de existências anteriores, gerando antipatia e mal-estar, que não raro se fazem recíprocos (FRANCO, 2000, cap. *Amor filial*).

Fácil compreender os problemas que se evidenciam nos relacionamentos familiares e assim vencer as dificuldades diante dos compromissos assumidos com relação às faltas pregressas.

"Amar sempre é o impositivo existencial..." (FRANCO, 2000, cap. *Amor filial*).

O amor é o caminho

Amanhece... A aragem que penetra meu quarto conserva, ainda, a suavidade que a madrugada trouxe, amenizando o calor do dia anterior, nesse estio que evidencia temperaturas mais elevadas que as habituais.

O Sol demora a surgir no horizonte, mas já ilumina a paisagem, colorindo o céu de um azul que se mescla de tons rosáceos, límpido e sem nuvens, deixando visível, a brilhar intensamente, apenas uma estrela que emite sua luz como um foco de bênçãos a nos indicar que tudo recomeça de forma harmoniosa nesse novo ciclo da vida.

Sei que em poucos minutos tudo estará diferente. A estrela será ofuscada pelo brilho do Sol, as nuvens chegarão apressadas, trazidas pelo vento que as impulsiona a seguir rumo ao infinito, os pássaros cantarão com mais intensidade, louvando a beleza do amanhecer.

Oro a Jesus e agradeço por mais um dia que renasce com promessas de novas oportunidades de trabalho!

E antes que a rotina do novo dia dissipe os pensamentos de gratidão e amor que me assaltam, diante dessa contemplação que se renova e me emociona repetidas vezes, pensei em você, estimado leitor, procurando palavras que exprimam o que sinto na esperança de repassar ao seu coração essa beleza que me contagia e me envolve em vibrações de paz e plenitude íntima.

E fico pensando em tudo o que determina nosso modo de viver e de sentir ao longo dessa caminhada. Poderemos permanecer nessa onda de otimismo, de alegria e gratidão a Deus, esforçando-nos para superar os desafios da vida, ou ficaremos insensíveis às bênçãos que Ele nos concede em oportunidades de crescer em entendimento e bondade, vislumbrando cada novo dia como uma motivação para prosseguir.

É tão somente uma questão de escolha e discernimento diante das opções nesse novo recomeço.

O ideal que nos orienta iluminados pelo Evangelho de Jesus deverá ser a bússola a direcionar nossos passos na conquista da paz e da felicidade real.

Jesus nos ensinou que o amor é o caminho e somente por meio dele poderemos vencer as dificuldades nesse caminhar que a linha da evolução imprime em nossas vidas como um determinismo que nos leva a compreender melhor nossa destinação espiritual.

Mesmo diante da dor, das perdas, das decepções e dos desagravos, estaremos intimamente seguros de que, somente amando, poderemos superar as dificuldades que ainda retardam nossa caminhada.

E fica diante de nós essa estrada longa e sinuosa, com surpresas a cada curva, mas iluminada pelo sol do amor. Dependem de cada um de nós as escolhas, as decisões de como agir nas situações adversas, procurando acertar, sem vacilar ou comprometer a programação reencarnatória a que estamos submetidos pela Lei divina.

Existem momentos na vida de todos nós em que não sabemos o caminho, como agir frente a determinados problemas no lar, como conseguir manter unida a família e dissipar as dissensões, os desentendimentos, como se fôssemos responsáveis por tudo de mal que acontece com os que amamos.

Depois, com a maturidade emocional, vamos descobrindo que não é assim. Não somos responsáveis pelas escolhas de nossos entes queridos, e sim os companheiros de lutas com maior experiência, que poderão ajudá-los ou orientá-los se aceitarem nosso concurso fraterno. Muitas vezes, não aceitam e se rebelam. Resta-nos o recurso da prece e da reflexão íntima, mantendo a paz e a certeza de que cumprimos nosso dever.

Ao longo dos anos, estudando as obras de Joanna de Ângelis, fui incorporando ao meu viver suas sábias lições, suas advertências. Assimilando as indicações que estavam ao meu alcance, compreendi que, somente por meio do amor, desse sentimento sublime e acessível a todos nós, como filhos de Deus, sairia vitoriosa. Compreendi que o caminho seria este: amar incondicionalmente para vencer as dificuldades maiores, aquelas que perturbam meu mundo íntimo.

Esse esforço constante que me leva a compreender o objetivo de minha vida, buscando o desenvolvimento moral, aclara meu raciocínio e me induz à compreensão de mim mesma, de meus defeitos, daquilo que poderei melhorar, e, consequentemente, à aceitação dos que constituem minha família, sem censuras ou críticas descabidas.

Com essa visão, desejo repassar para os que me leem as vantagens que auferimos quando descobrimos em nosso mundo íntimo as melhores intenções nesse exercício, buscando o crescimento espiritual e a reforma moral. Nesse envolvimento mais profundo e silencioso, conseguiremos suavizar a ansiedade, a expectativa de receber, de quem caminha ao nosso lado, uma reciprocidade que ele ainda não pode nos oferecer.

Quem ama realmente é feliz com a possibilidade de estender as mãos aos que necessitam de nosso afeto, de nossa compreensão, sem esperar agradecimentos ou referências ao que fazemos por amor.

Vamos compreendendo, no exercício desse amor, que a renovação íntima nos conduzirá ao equilíbrio e à felicidade real.

"Que vosso amor cresça cada vez mais no pleno conhecimento e em todo o discernimento" (Paulo, Filipenses, 1:9). Na advertência de Paulo, necessário se torna que não desviemos o significado do amor, deturpando-o com nossos sentimentos inferiores, que se expressariam em reações perturbadoras como a inveja, o ciúme, o egoísmo, o apego excessivo às coisas e pessoas.

Emmanuel, comentando as instruções do apóstolo, nos ensina que:

> Instruamo-nos, pois, para conhecer. Eduquemo-nos para discernir. Cultura intelectual e aprimoramento moral são imperativos da vida, possibilitando-nos a manifestação do amor, no império da sublimação que nos aproxima de Deus. Atendamos ao conselho apostólico e cresçamos em valores espirituais para a eternidade, porque, muitas vezes, o nosso amor é simplesmente querer e tão somente com o querer é possível desfigurar, impensadamente, os mais belos quadros da vida (XAVIER, 2009, cap. 91).

Jesus edificou sua doutrina no amor, dando-nos o roteiro certo para o caminho da paz e do desenvolvimento moral. Seguir Jesus é nossa destinação espiritual, incorporando em nosso viver as lições que Ele nos legou como a bússola a nos guiar pelos caminhos da vida.

Laços de família

Estaria o instituto da família em decadência?

As crises sem precedentes com reflexos profundos na sociedade e, particularmente, na estrutura familiar marcam o rompimento dos laços de família?

Analisando essas questões, na visão espírita, cheguei à conclusão de que a família jamais deixará de ser a base da sociedade, mesmo que sofra modificações e adaptações aos avanços sociais. Entretanto, deverá ser norteada por regras morais que serão inerentes a cada grupo familiar e à cultura de cada povo.

Se buscarmos na história das civilizações a evolução da sociedade e da família, encontraremos a decadência dos conceitos rígidos e hipócritas que norteavam o relacionamento no grupo familiar, com pais ditadores, mães e filhas sendo tratadas como objetos, filhos relegados a um plano inferior, dando lugar ao respeito mútuo, à liberdade e responsabilidade de todos ante os deveres do lar. Surgiu uma nova ética mais bem estruturada nos valores reais que todos os seres vão adquirindo na linha do progresso espiritual.

Ainda existem, infelizmente, culturas arraigadas em costumes inadequados aos tempos modernos, mas, mesmo estas, estão sofrendo abalos em suas bases pela informatização e pelos meios de comunicação cada vez mais amplos.

A constituição do núcleo familiar está ligada ao processo de crescimento moral do ser humano. Assim como os liames sociais induzem ao progresso, os laços de família respondem pela base da sociedade, funcionando como uma estrutura que dá respaldo às leis sociais. Por ser a lei de progresso uma lei natural, acreditamos que a família vencerá a crise moral que se abate sobre os costumes e comportamentos dos seres humanos e sairá mais forte e bem estruturada, com definições mais amplas dos direitos e deveres de cada membro do grupo familiar.

Na questão 774 de *O livro dos espíritos*, Allan Kardec indaga:

> Há pessoas que deduzem, do fato de os animais abandonarem suas crias, que os laços de família entre os homens resultam apenas dos costumes sociais e não de uma lei da natureza. Que devemos pensar disso?
> R. — O destino dos homens é diferente do dos animais. Por que, então, querer sempre identificá-los? Há no homem alguma coisa mais além das necessidades físicas: a necessidade de progredir. Os laços sociais são necessários ao progresso e os de família tornam mais apertados os laços sociais: eis por que os laços de família são uma lei da natureza. Quis Deus, dessa forma, que os homens aprendessem a amar-se como irmãos (KARDEC, 2007, cap. VII, q. 774).

Modernamente, a sociologia da família e a psicologia social enfatizam a importância do lar na organização social, bem como na formação moral dos indivíduos. Portanto, as instruções dos Espíritos superiores em resposta a Allan Kardec são coerentes com o pensamento atual da psicologia educacional, que coloca a família como a base da preparação da vida social.

"Os laços de família resumem os laços sociais", respondem os Espíritos em concordância com o pensamento atual dos que defendem a família como a célula básica da sociedade.

Estamos vivendo um período de grandes avanços científicos e tecnológicos. Infelizmente, o progresso moral não está acompanhando o crescimento intelectual. Os sentimentos nobres não conseguiram, ainda, se sobrepor ao avanço do egoísmo no ser humano. Falta-nos o desenvolvimento intelecto-moral, que, segundo Allan Kardec, será o propulsor da linha de evolução humana.

Analisando as civilizações do passado, que também tiveram um grande avanço material, mas fracassaram espiritualmente, compreendemos que o comportamento dos homens que sobreviverem aos desmandos e às crises atuais será alterado por novos códigos morais, mais adequados à modernidade.

A família, portanto, não está em decadência, graças a Deus. O que está sendo mudado é o conceito de família, abolindo os velhos padrões impostos para dar lugar a uma convivência familiar em que o amor e a compreensão estão tornando as estruturas mais sólidas e verdadeiras, capazes de enfrentar as crises sociais do mundo atual.

É no lar, alicerçado no amor, que encontraremos a primeira escola de nossas almas, facilitando nossa atuação onde renascemos para evoluir, resgatar velhos débitos e treinar o relacionamento em sua primeira fase para, depois, ampliar nossa convivência nos diversos setores de trabalho, de estudo e preparação profissional e usar nosso tempo na construção de um mundo melhor.

> O grupo familiar é santuário de renovação coletiva, onde todos os membros se encontram para crescer juntos, reconciliar-se, aprender a servir e ampliar a capacidade de amar. [...] Reunidos novamente, devem-se ajudar no processo de libertação em que se encontram comprometidos (FRANCO, 2008, *Apresentação*).

Vamos compreendendo, à luz da Doutrina Espírita, que o lar é nosso primeiro estágio no aprendizado sublime que é a vida de relação, propiciando-nos meios para enfrentar as lutas e as responsabilidades com que enriqueceremos nossos espíritos nos momentos de testemunho e na busca crescente do conhecimento e da paz que tanto almejamos.

Embora alguns indivíduos acreditem que a família está destinada a desaparecer um dia e que os valores morais estão cada vez mais decadentes, uma visão mais realista e humana nos leva a acreditar que jamais seremos relegados ao abandono, vitimados pelo egoísmo e pela volta à barbárie, já que o Bem será sempre o vencedor na luta contra a licenciosidade e a degradação moral.

Portanto, analisando a evolução social, encontramos o respaldo necessário a acreditar que nosso progresso está alicerçado em bases morais sólidas e indestrutíveis.

> Embora haja o bem social, o de natureza legal, aquele que muda de conceito conforme os valores éticos estabelecidos geográfica ou genericamente, paira, soberano, o Bem transcendental, que o tempo não altera, as situações políticas não modificam, as circunstâncias não confundem. É aquele que, não obstante, muitas vezes, anestesiem-no, permanece e se impõe oportunamente, convidando o infrator à recomposição do equilíbrio, ao refazimento da ação (FRANCO, 1998, cap. *Fugas e realidade*, it. "Dualidade do bem e do mal").
>
> Qual seria para a sociedade o relaxamento dos laços de família?
> R. — Uma recrudescência do egoísmo (KARDEC, 2007, Parte 3, cap. VII, q. 775).

E não há como resistir ao chamamento do amor.

A parentela corporal e os laços de família

EMMANUEL, NO LIVRO *Caminho, verdade e vida*, faz uma distinção entre parentela e família. Segundo ele:

> Nem sempre os laços de sangue reúnem as almas essencialmente afins. [...] É razoável sugerir-se uma divisão entre os conceitos de família e parentela. O primeiro constituiria o símbolo dos laços eternos do amor, o segundo o cadinho de lutas, por vezes acerbas, em que devemos diluir as imperfeições dos sentimentos, fundindo-os na liga divina do amor para a eternidade. A família não seria a parentela, mas a parentela converter-se-ia, mais tarde, nas santas expressões da família (XAVIER, 2012, cap. 62).

Seguindo o pensamento do benfeitor, o grupo familiar unido pelos laços de amor terá oportunidade de ajudar outros Espíritos que necessitem estar no mesmo ambiente doméstico para progredir e assimilar novas lições de solidariedade, de tolerância, de perdão e outras virtudes.

Com essa visão, teremos mais facilidade de compreender as diversidades de Espíritos que reencarnam no mesmo lar e suas dificuldades, embora tenham os mesmos pais e oportunidades idênticas na família, pela consanguinidade e acesso às mesmas vantagens.

> A casualidade não se encontra nos laços da parentela. Princípios sutis da Lei funcionam nas ligações consanguíneas. Impelidos pelas causas do passado a reunir-nos no presente, é indispensável pagar com alegria os débitos que nos imanam a alguns corações, a fim de que venhamos a solver nossas dívidas para com a humanidade (XAVIER, 2009, cap. 156).

Muitas vezes, a família recebe um antigo desafeto ou Espírito necessitado de amor e compreensão para ajudá-lo a vencer suas más tendências ou reparar faltas anteriores. Vemos muitos lares com um ou dois membros completamente diferentes dos demais, apenas com uma vinculação material, sem afinidade espiritual. Tão logo conseguem a emancipação, distanciam-se do lar. Falta-lhes o sentimento de amor ou afetividade que os ligue ao grupo familiar atual.

Apenas os laços de amor mantêm unida a família.

Todas as vicissitudes, todos os agravos e crises são vencidos quando esse nobre sentimento une todos os membros da família. Nada os separa ou distancia dos valores morais que receberam no lar e vão seguindo suas vidas, unindo-se a outras vidas, em casamentos ou outras vinculações afetivas, sem perder a ligação com seu núcleo familiar de origem. O mais importante é que não há distância ou limitações físicas que os impeçam de manter o contato e sedimentar com carinho a afeição que os une desde a infância. Essas são as famílias com afinidade espiritual que preexistem à atual vida corpórea e, certamente, manterão o vínculo após o encerramento da presente reencarnação.

Certamente, muitos Espíritos terão como missão a ajuda aos irmãos da retaguarda, mesmo aqueles que os magoaram ou feriram em vidas passadas, e poderão solicitar que se reencontrem na mesma família para assim dirimir suas faltas e minimizar a animosidade que ainda vige em seus corações.

No mundo atual, são raras as famílias que se unem pela afinidade espiritual estabelecida pelos vínculos do amor e da fraternidade. Ao contrário, existe, na maioria dos lares, a parentela estabelecida pela consanguinidade com o objetivo de reparar faltas do passado, resgatar e superar desavenças criadas pela insensatez e pelo orgulho. E, em sua fase mais adiantada, reparar os males praticados contra os que se unem nesse mesmo grupo familiar. Surgem, então, os conflitos familiares, as lutas advindas do egoísmo, do ciúme, da inveja entre aqueles que deveriam se amar e respeitar como parentes.

Somente com a lógica da reencarnação e todos os subsídios espíritas que ampliam nosso raciocínio compreenderemos que todos somos filhos de Deus e incursos em suas leis sábias e misericordiosas, dando-nos ensejo ao aprimoramento moral e resgate dos débitos contraídos no passado.

> Os parentes são obras de amor que o Pai compassivo nos deu a realizar. Ajudemo-los, através da cooperação e do carinho, atendendo aos desígnios da verdadeira fraternidade. Somente adestrando paciência e compreensão, tolerância e bondade, na praia estreita do lar, é que nos habilitaremos a servir com vitória, no mar alto das grandes experiências (XAVIER, 2009, cap. 156).

Em assuntos da família, no Centro Espírita, por meio do diálogo fraterno, esclarecedor e amigo, vamos entendendo essas nuanças na análise dos grupos familiares, podendo auxiliar os que portam essas dificuldades a compreender seus problemas sempre escorados nos ensinamentos de Jesus, que preconiza o amor como a solução para todos os males que afligem o ser humano. Somente o amor contribuirá para a harmonização do grupo familiar em desajuste, conduzindo os mais experientes ao exemplo por meio da renúncia, do perdão e do desejo de harmonizar os familiares em litígio.

> O mandamento maior preconizado por Jesus recomenda que o amor deve ser incessante e inevitável, coroando-se de perdão pelas ofensas recebidas. No grupo familial, esse amor deve ser mais expressivo, conduzindo o perdão a um tão elevado grau, que quaisquer ressentimentos de ocorrências infelizes se façam ultrapassados pela compreensão das dificuldades emocionais em que os genitores viviam, em razão da sua imaturidade moral, e mesmo de sutis causas que remanesciam de existências anteriores, gerando antipatia e mal-estar, que não raro se fazem recíprocas (FRANCO, 2000, cap. *Amor filial*).

Assistimos, no mundo atual, às lutas e aos sofrimentos, às disputas e às aversões familiares quando o ser humano deixa-se levar pela ambição, pelo desvario das paixões, pelo ciúme e atitudes egoísticas no próprio lar.

> Além das famílias consanguíneas, que oferecem os equipamentos para os renascimentos físicos, existem também aquelas de natureza espiritual, cujos vínculos são mais fortes, ligando os indivíduos que as constituem. Face às necessidades evolutivas, no entanto, a maioria dos Espíritos retorna nos grupos que lhes serão mais úteis do que naqueles que lhes proporcionariam mais alegrias e bênçãos. Seja porém, qual for o tipo de família em que cada ser se encontre, cumpre-lhe o dever do amor filial e fraternal, para bem desincumbir-se das tarefas que ficaram na escuridão dos erros transatos (FRANCO, 2000, cap. *Amor filial*).

A mídia divulga as tragédias que se originam nos lares mal estruturados, onde a miséria moral e a escassez de recursos materiais levam os mantenedores a buscar soluções mais fáceis na comercialização de drogas, objetos roubados, golpes e outros crimes, criando os filhos em ambiente nefasto e pecaminoso.

Entretanto, os lares afortunados também apresentam os mesmos problemas ligados à carência afetiva, ao abandono dos pais que se distanciam dos filhos, deixando-os com pessoas inescrupulosas, em busca do prazer em viagens, festas e outras ocupações.

Imaturos, ligados apenas às preocupações materiais, não compreendem por que seus filhos incorrem em faltas como os que não tiveram o luxo e as facilidades materiais que os seus possuem.

Nesses lares, onde imperam os valores materiais, não se qualificam ainda *famílias*, mas sim *parentelas* que se estabelecem por leis civis, garantindo o desenvolvimento da prole, sem qualquer outro sentimento que não seja o interesse, o orgulho de preservar nome, posição social e *status* na comunidade onde vivem. Aparentemente, são felizes e bem situados na vida, mas, na intimidade, sofrem a consequência da falta do amor, da sinceridade de seus sentimentos e dos interesses escusos que sobrepõem aos ideais superiores que deveriam nortear o grupo familiar, o que os leva a recear o futuro.

Muitos dramas e lutas acerbas serão enfrentados pela parentela que, possivelmente, se estenderá em outras vidas até que seus membros consigam educar seus sentimentos, sublimando-os à luz do amor para, futuramente, serem designados de família.

Joanna de Ângelis nos leciona que, quando Jesus foi procurado por seus familiares que desejavam submetê-lo às exigências descabidas, Ele, expressando sua missão grandiosa junto à humanidade que elegera como sua família, indagou: "Quem é minha mãe e quem são meus irmãos?" E concluiu, ampliando seu amor para com todos, dizendo: "Todo aquele que faz a vontade de Deus, esse é meu irmão, minha irmã e minha mãe".

> Ele já se houvera desincumbido dos deveres no lar, encontrava-se na idade adulta, direcionava os passos para o objetivo essencial para o qual viera; não seria, portanto, lícito que se detivesse para atender às paixões e ao controle de qualquer natureza, em detrimento das determinações de Deus (FRANCO, 2000, cap. *Amor filial*).

Assim também todos nós renascemos nos grupos familiares que nos ajudarão a resgatar faltas passadas, que nos impulsionarão ao progresso moral e às conquistas imperecíveis da alma em sua caminhada evolutiva.

Nesses núcleos, aprenderemos a perdoar, a exercitar a paciência, a compartilhar nossas alegrias e nossas dores com a humildade daquele que está buscando o aprimoramento espiritual para futuros labores em favor da humanidade e, certamente, cumpriremos as nobres tarefas que se expressam nos objetivos superiores da vida.

Oração e trabalho

Há dias assim — tristes, cinzentos, sem perspectivas que nos motivem a seguir. Sentimo-nos como náufragos em mar revolto, torpedeados por ondas gigantes que se movimentam e destroem tudo o que se interpõe à sua fúria. Nossos pensamentos tentam se harmonizar, buscando o horizonte de luzes e cores que existe além das nuvens densas que obscurecem o amanhecer.

Sem forças para lutar, não conseguimos visualizar a solução mais apropriada para nos recompor. Sentimos dificuldades de nos sobrepormos ao que nos entristece como se a alma se estiolasse em fragmentos de recordações e saudades inexplicáveis que angustiam e nos abatem.

Nesse turbilhão de pensamentos e com a incômoda sensação de derrota, lembrei-me de orar, tentando encontrar palavras que traduzissem meus sentimentos. Recordei-me de mensagem consoladora que sempre me socorria em momentos assim, apontando-me a solução. E busquei, no pequeno livro em minha estante, a narrativa que compartilho com você, querido leitor, nessa manhã:

O aprendiz inquiriu, ansioso, ao Mestre:

— Senhor, entrego-me à oração, no entanto, as tentações não me deixam. Que fazer?

— Trabalhar e prosseguir.

— Desejo, no entanto, mergulhar no oceano de paz e, para isso, oro. Todavia, as perturbações não me abandonam. Como agir?

— Trabalhando e confiando.

— Anelo por elevar-me do mundo insano, refugiando-me na oração. Mesmo assim, os desequilíbrios íntimos me impelem para a aflição. Como continuar?

— No trabalho e no serviço. A oração é experiência psíquica que levanta o homem na direção de Deus. O trabalho, porém, é a oração da ação que traz Deus para o homem que sofre. Assim agindo, passarás a conviver com Ele, liberando-te, por fim, de toda e qualquer tentação.

O aprendiz entendeu, então, que agir no bem é orar mediante o trabalho que redime e dignifica o ser (FRANCO, 2001, cap. 11).

Meditando sobre as palavras do Mestre que me conduziam à solução dos problemas que me afligiam, ergui-me em prece de gratidão a Deus pelas bênçãos da vida e voltei ao trabalho que apazigua o coração e equilibra as emoções, retificando o pensamento que, então, já se alinhava na direção do amor e da esperança.

Muitos de nós, cristãos descuidados, em momentos de dor ou aflições, desesperamo-nos, esquecidos do valioso contributo que a confiança em Deus nos concede. Sentimos dificuldades para orar, sem condições de verticalizar o pensamento em direção ao Pai que nos ama, lenindo as dores da alma.

A prece nos coloca em condições de discernir o caminho para prosseguirmos e compreendermos, por fim, que somente no trabalho em favor do próximo é que encontraremos a solução para aflições e descaminhos, retificando nossas atitudes diante da consciência e de Deus.

Vamos, aos poucos, libertando o coração oprimido e suavizando as dores que ainda persistem, mas sem nos magoar ou seguir para a desolação e o desespero. Uma luz acende em nosso mundo íntimo a esperança, e a fé alimenta com sua força a coragem para prosseguir, entendendo que somos filhos de Deus e podemos vencer todas as dificuldades, orando e servindo na condição de aprendizes das lições grandiosas que Ele nos concede a cada novo dia, atendendo nossas necessidades de progresso moral.

A sensibilidade diante do que nos cerca, tocando o coração e elevando a alma em vibrações mais sutis, soergue-nos, e pairamos acima das vicissitudes que antes nos amarguravam. Entendemos, finalmente, que não existe outro caminho a seguir senão aquele que o Mestre Jesus nos indicou, alertando-nos que o amor vige em todos nós como centelha divina, indicando-nos a única solução.

Fazer brilhar essa luz interna e intransferível da qual poderemos tirar as indicações mais sábias e adequadas ao nosso viver, cabe a cada um de nós. Vamos, nessas divagações, vencendo as densas nuvens da incompreensão, desfazendo as teias da insatisfação e da angústia que nos oprimiam e toldavam nossa visão diante dos reais objetivos da vida.

É incontestável o valor da prece nos momentos de dor, quando o desalento tenta nos intimidar e a vontade de lutar cede lugar ao desânimo e ao pessimismo.

As palavras sentidas em momentos de desalento e solidão, quando proferidas com fé e humildade, surtem o efeito do bálsamo que suaviza e alivia as feridas da alma.

A fé impulsiona nossa vontade e nos faz acreditar que poderemos vencer as dificuldades porque acreditamos numa força maior que move tudo e todos na grandeza da vida. Entretanto, precisamos ser humildes na aceitação do sofrimento e entender as respostas de Deus às nossas súplicas.

Abençoados por seu amor, não nos cabe o direito da lamentação. Pelo sofrimento ou pela provação, Ele nos concede a oportunidade da reparação do mal com o objetivo de aquietar nossa alma, educar nossos sentimentos e, assim, aparar as arestas do que nos impede de crescer moralmente, desenvolver o que temos de melhor dentro de nós, equilibrar nosso íntimo e nos libertar das emoções perturbadoras.

No grupo familiar, com maior frequência, somos testados a cada dia, na busca desse crescimento moral quando sentimos as dores mais acerbas e que nos desalentam porque partem dos que mais amamos. E surgem ameaçadores da paz quando há:

¶ Deserção dos que mais nos poderiam ajudar;

¶ Palavras cruéis que ferem nossa autoestima;

¶ Sonhos destruídos pela ingratidão daqueles nos quais investimos amor e dedicação;

¶ Incompreensão diante da dor que se abate sobre nós;

¶ Desrespeito à nossa privacidade e ao nosso direito de escolha;

¶ Cobranças injustas diante de imposições e exigências descabidas.

São muitas as situações que vão se agravando, ao longo da vida, com relação aos filhos, aos que formam a família, depois que eles se tornam adultos e vão incorporando em seu viver novos hábitos, novos relacionamentos. Infelizmente, alguns deles se distanciam dos valores morais que procuramos desenvolver em suas mentes. Mesmo assim, diante de tantos problemas com o grupo familiar, nunca os deixaremos sem os gestos de amor e compreensão que já cultivamos em nosso ser.

Certamente, eles também sofrerão as agressões da vida e retornarão aos nossos braços, quem sabe, pedindo novamente: "Ore por mim, mamãe, amanhã terei uma prova muito difícil." Ou ainda: "Vou viajar de avião...", "Não se esqueça de orar para que tudo corra bem...", "Vou ter uma entrevista importante para um novo emprego...". Ou pedirão como em tempos mais recuados: "Mãe, estou com medo, não consigo dormir... Segure minha mão... Ore comigo....".

E faremos, de novo, o Pai-Nosso pausadamente para que eles acompanhem, frase por frase. E, como sempre o fizemos, continuaremos a orar por eles, sempre, com infinito amor! Aqui na Terra e além das estrelas.

E, traduzindo meu pensamento e a emoção que me domina, busco nas palavras da mentora espiritual a finalização de nossa conversa, nessa manhã de outono, mesclada de luzes e sombras:

> Alguém ora, levantando-se da Terra, em súplica aos Céus complacentes.
> As augustas fontes do amor respondem ao vagido da prece com uma sinfonia de bênçãos.
> A criatura grita em ansiosa agonia ao seu Pai criador, sufocando o desespero no veludo macio e forte da oração, enquanto o excelso Genitor responde à alma, inspirando-a e afagando-a com intangíveis mãos que a penetram de sublime luz, a fim de que se apaguem as sombras aflitivas.
> Festa no coração!
> O homem ora.
> Deus o abençoa (FRANCO, 2001, cap. 17).

O lar e as influências espirituais

Vivemos em um mundo de ondas e vibrações. Influenciamos e somos influenciados numa permuta constante com aqueles que nos são afins porque vibramos na mesma sintonia, por isso é importante que mantenhamos pensamentos positivos e equilibrados em torno das pessoas e da vida em geral.

Allan Kardec indagou, na questão 459 de *O livro dos espíritos*, se os Espíritos influem em nossos pensamentos e em nossos atos e obteve como resposta: "Muito mais do que imaginais, pois frequentemente são eles que vos dirigem" (KARDEC, 2007, q. 459).

Se essa influência é proporcional ao grau de sintonia, isto é, se é estabelecida de acordo com nossos sentimentos que caracterizam o tônus vibracional por meio do que pensamos e de nossos atos, é de bom alvitre educar nossas emoções para evitar o negativismo, a insensatez e tudo o que possa infringir a lei natural.

De modo geral, somos influenciados pelas mentes encarnadas e desencarnadas numa permuta constante. É o que acontece na vida social, no relacionamento profissional e em nossos lares. Mas é no lar, local que nos abriga e protege, dando-nos condições de viver em harmonia e oportunidade de adquirir os valores morais, onde mais amplamente estaremos atentos para que as influências negativas não nos perturbem.

O pensamento é força magnética e toma formas diferenciadas que sinalizam o que sentimos, constituindo nosso psiquismo ou a soma das aspirações de várias pessoas ou Espíritos desencarnados em determinado ambiente. As sensações que percebemos quando adentramos em determinados locais é fruto das emanações fluídicas dos que ali se encontram. Podemos, assim, nos sentir bem, pacificados, ou inquietos e com mal-estar, de acordo com essas vibrações espirituais.

Cada ser tem sua própria atmosfera fluídica, denotando seu grau de moralidade e evolução, conhecida como psicosfera individual. Essa aura individual, no dizer de André Luiz, *é o halo energético*. É o nosso cartão de visita e a primeira sinalização para que almas afins se aproximem de nós, sejam encarnadas ou desencarnadas, superiores ou inferiores, evidenciando seu grau de moralidade.

O benfeitor espiritual assim se expressa:

> *Fotosfera psíquica, entretecida em elementos dinâmicos, atende à cromática variada, segundo a onda mental que emitimos,* retratando-nos os pensamentos em cores e imagens que nos respondem aos objetivos e escolhas, enobrecedores ou deprimentes (XAVIER; VIEIRA, 1971, cap. 17, it. "Aura humana").

Se estivermos bem e mantivermos uma sintonia elevada ou um padrão vibratório equilibrado, mesmo em ambientes contrários, não seremos influenciados negativamente. Ao contrário, gestos de invigilância e vibrações negativas permitirão que as emanações inferiores nos atinjam.

Estamos, portanto, constantemente emitindo e recebendo vibrações que procedem de pessoas, de locais que frequentamos, cuja qualificação moral, se inferior, poderá nos desequilibrar emocionalmente se não estivermos numa frequência mais elevada.

No lar, onde nos reunimos com diversos Espíritos por diversas razões e com deveres comuns, acontecem, muitas vezes, discordâncias, irritações, incompreensões que perturbam a harmonia íntima.

Consideremos, também, que cada um dos componentes da família terá vinculações com Espíritos desencarnados, alguns com dificuldades de relacionamento, que tentam prejudicar a programação reencarnatória daqueles que, de alguma forma, são responsáveis por males causados em vidas anteriores.

Cada componente da família emite pensamentos distintos, alguns equilibrados e sadios, outros inferiores, que recaem no ambiente doméstico em emanações fluídicas perniciosas e surgem, algumas vezes, como dificuldades de aceitação de alguns pais com relação aos filhos rebeldes aos ensinamentos e normas familiares, o que cria um clima de insatisfação e intranquilidade.

Infelizmente, raros são os grupos familiares em que não haja, em menores ou maiores proporções, influências espirituais negativas como consequência do baixo teor vibratório de seus componentes, atraindo as companhias espirituais que lhes sejam afins.

Alguns procedimentos ajudarão a higienizar o ambiente doméstico e minimizar as influências espirituais negativas:

- Prece;
- Disciplina que leva à mudança vibratória, elevando o pensamento;
- Evangelho no lar;
- Trabalho no Bem;
- Transformação moral.

Emmanuel nos fala que "a família consanguínea, entre os homens, pode ser apreciada como o centro essencial de nossos reflexos. Reflexos agradáveis ou desagradáveis que o pretérito nos devolve" (XAVIER, 1991, cap. 12). Por isso encontramos tantas incompreensões e tantas dificuldades nos grupos familiares que tentam se ajustar, por meio da consanguinidade e dos elos de amor, à nova realidade proposta na vida atual quando todos buscam a reparação e o reajuste das faltas pregressas.

Os recursos espíritas alargam nossa compreensão em torno das perturbações espirituais que tentam solapar nossos esforços para conseguir a paz, o equilíbrio e o progresso moral ao lado dos entes queridos. Assim, não nos é lícito o menosprezo nem o abandono dos compromissos assumidos no plano espiritual quando da programação reencarnatória.

É claro que o entendimento das vinculações espirituais e do poder do amor na solução das maiores dificuldades encontradas serão nossa maior garantia ao escolher os caminhos e as soluções para manter o equilíbrio e a paz familiar.

> Temos assim, no grupo doméstico, os laços de elevação e alegria que já conseguimos tecer, por intermédio do amor louvavelmente vivido, mas também as algemas de constrangimento e aversão, nas quais recolhemos, de volta, os *clichês* inquietantes que nós mesmos plasmamos na *memória do destino* e que necessitamos desfazer, à custa de trabalho e sacrifício, paciência e humildade, recursos novos com que faremos nova produção de reflexos espirituais suscetíveis de anular os efeitos e nossa conduta anterior, conturbada e infeliz (XAVIER, 1991, cap. 12).

Compete-nos, conscientes de nossas responsabilidades por meio do conhecimento espírita, fazer o que for necessário para apaziguar o ambiente familiar, evitando atitudes agressivas, críticas infundadas, mau humor constante e indelicadezas que alimentam os fluidos corrosivos dos entes espirituais em desalinho, prontos a incentivar a desunião e a ruptura dos laços familiares.

As companhias espirituais que nos espreitam em momentos de invigilância para atuar com prejuízos e danos ao grupo familiar somente conseguirão seu intento se não mantivermos a mente em equilíbrio e nos deixarmos levar por atitudes impensadas e agressivas.

Ao contrário, quando oramos em família e mantemos pensamentos de compreensão e tolerância, estamos saneando a ambiência doméstica e afastando os Espíritos inferiores que tentam prejudicar a paz no grupo familiar.

O assédio que exercem visa, principalmente, derrubar as barreiras magnéticas de proteção espiritual do lar bem estruturado no amor e na vivência evangélica, porque não desconhecem o valor da instituição familiar como propulsora do desenvolvimento moral da criatura humana.

Manter o equilíbrio no lar e a harmonia entre os que vivem sob o mesmo teto é de nossa responsabilidade, enquanto seguidores de Jesus que buscam vivenciar seus ensinamentos. Nossas atitudes equilibradas atrairão Espíritos que sintonizem conosco para manter a paz doméstica ou aqueles que se utilizam de nossas fraquezas para perturbar.

Existem pessoas que gritam e esbravejam por qualquer coisa e jamais reconhecem seus erros, exigindo a perfeição dos outros. Outros ironizam as atitudes alheias, estão sempre dando alfinetadas, maldizendo e criticando sem nenhum respeito ou consideração devida aos familiares. Outros ainda se isolam em silêncios prolongados, evitando falar ou dialogar gentilmente com os que vivem a seu lado, criando um ambiente nefasto, com pensamentos negativos, o que traz sérios problemas de relacionamentos. Há, ainda, os que ofendem e colocam seus familiares em situações embaraçosas diante de estranhos, sem refrear seus ditos jocosos que humilham e magoam.

Será que gostaríamos que agissem assim conosco? Como nos sentiríamos se fôssemos nós os ofendidos ou maltratados no próprio lar?

E exigimos um comportamento correto e equilibrado dos que nos cercam sem atender aos seus desejos de paz e harmonia no ambiente familiar.

Esse modo de agir, essas diferentes situações que criamos com nossa insensatez e invigilância atraem Espíritos trevosos que se locupletam com nossas vibrações de baixo teor, envenenando a atmosfera fluídica.

Quando algum componente da família apresentar sintomas de agressividade, comportamento abusivo, rebeldia às regras da boa educação e descambar para as agressões verbais ou físicas, notando que ele se encontra sob indução espiritual negativa e obsessiva, recorra à prece, ao Evangelho no lar, à fluidoterapia e a todos os recursos que o Espiritismo oferece, ajudando-o fraternalmente a se soerguer e se libertar das constrições mentais negativas.

Quando a perturbação espiritual no lar chega a esse nível, toda a família estará comprometida com as mudanças necessárias para que o familiar enfermo possa ser socorrido e libertado com o apoio correto e as vibrações de amor de todo o grupo familiar.

> A fim de evitar essa desarmoniosa e dolorosa ocorrência obsessiva em seu lar, viva o bem, fale o que construa para o bem, louve os valores do bem, ensine os trabalhos e estudos do bem a todos os seus e, quando tenha que apontar ou falar no mal, que seja para enaltecer e difundir o bem. Assim, você e os seus estarão acobertados pela luz do Cristo que o convocou para servi-lo, oferecendo-lhe excelente ensejo de avançar para Deus, rompendo as vinculações com o velho costume de prestar culto ao desequilíbrio (TEIXEIRA, 1991, cap. 22).

O idoso na família: conflito de gerações

É COMUM, NOS dias atuais, encontrarmos no mesmo grupo familiar, além dos pais e filhos, outras gerações. Assim, encontramos avós, tios mais velhos ou mesmo bisavós integrando a família.

Essa ocorrência é motivada pela longevidade que, nas duas últimas décadas, tem se acentuado como consequência de vários fatores, principalmente os de ordem material que beneficiam a saúde física e a prevenção de doenças, antes incuráveis ou não diagnosticadas.

Muitos idosos moram com os filhos ou estes com seus pais, o que motiva, não raras vezes, conflitos que poderão facilmente ser transformados em diálogos, desde que não haja uma posição radical entre eles e se busquem soluções com equilíbrio e boa vontade, minimizando as divergências familiares.

Hoje, há maior facilidade para falar dos e discutir os problemas que possam surgir na família porque os pais são mais compreensivos e dão aos filhos maior liberdade para expressar seus sentimentos, buscando uma convivência pacífica.

A causa de muitos conflitos e desavenças entre pais e avós é a interferência dos últimos na educação dos netos. O dever de educar é dos pais, e os mais velhos não poderão agir como se fossem os responsáveis por tudo, contrariando a ordem e a disciplina familiar.

Mesmo que a experiência demonstre que os pais estão agindo erroneamente com relação ao modo de educar, os avós deverão agir com prudência e evitar entrar em atrito ou desautorizar os pais.

> Na atuação como avô ou avó, será imprescindível que não tome sobre seus ombros o dever de criar, de educar os seus netos quando tudo esteja na faixa da normalidade, apenas justificando-se tal conduta nos casos de orfandade ou de desajustes morais de tal monta que o bom senso e o amor ao próximo mais próximo assim o determinem. Não se esqueça de que, como avô ou como avó, você tem seus próprios deveres diante da existência, o que não deverá menosprezar, tendo em consideração que marcha para o fecho da sua vida terrena, tendo muito que realizar não apenas por seus netos, mas por todos os que necessitam de você (TEIXEIRA, 1991, cap. 31).

Há situações em que eles poderão, com carinho e muito tato, auxiliar os filhos na orientação dos netos, mas evitarão discussões ou críticas na presença deles, deixando que eles aprendam com a experiência e o desejo sincero de acertar, movidos pelo amor e pela solicitude diante dos problemas familiares.

O diálogo esclarecedor favorece a todos e facilita um entendimento mais amplo, visando à paz doméstica.

É importante preservar a liberdade de expressão, mas estabelecer para os mais jovens limites compatíveis com sua faixa etária para que não fiquem expostos aos excessos e ao desrespeito para com os demais membros da família.

Há vários tipos de famílias, desde as mais tradicionais, que preservam determinados valores morais e mantêm vínculos mais estreitos com a parentela, até as mais modernas, que não seguem certas normas vivenciais com relação aos seus progenitores ou parentes mais idosos com os quais têm que manter estreitas relações sob o mesmo teto.

Notamos também que, nas famílias mais humildes, de um modo geral, inclusive nas que são financeiramente mais pobres, há uma preocupação maior e mais humana em preservar no ambiente doméstico os idosos, acolhendo-os e mantendo-os afetiva e solidariamente.

Entretanto, em todos os lares onde mais de duas gerações estejam convivendo, os participantes interagem de formas diversificadas.

O aspecto cultural e o sentimento religioso, independentemente das condições financeiras ou sociais, são fatores predisponentes a uma convivência saudável e harmoniosa. Porém, não é simples manter uma convivência pacífica quando duas ou mais gerações estão sempre juntas e se defrontam com a diversidade de cada ser a partir de alguns fatores, como a afinidade espiritual, o equilíbrio emocional, os níveis de educação e moralidade e, principalmente, o amor e a solicitude entre os membros do mesmo grupo familiar.

A afinidade espiritual é essencial para que todos se sintam bem. Ameniza os conflitos de gerações, os modismos que os mais velhos estranham e aos quais não se adaptam, gerando algumas discussões ou inquietações, normalmente dissipadas pela compreensão e pelo equilíbrio emocional com que dialoguem na busca de consenso.

A educação e o exemplo dos pais vão influenciar beneficamente os mais novos quando são calcados em atitudes de respeito, gentileza e noções de ética com relação ao dever dos membros da família para com os mais velhos.

Quando há afinidade espiritual e amor, vemos muitos jovens estabelecerem uma convivência saudável e amistosa com os avós, chegando alguns a ter maior liberdade e se sentir bem na companhia dos mais velhos, que dispõem de mais tempo ou mesmo compreensão para os problemas que eles apresentam.

Em todos os níveis de convivência, em quaisquer situações, seja no aspecto social ou financeiro, todos terão que se empenhar em manter o diálogo, o respeito à liberdade do outro, sem imposições ou reclamações que gerem mal-estar ou inibam o afeto que deverá ser a tônica em todos os momentos da vida familiar.

Dentre todos os problemas que geram conflitos no lar com relação ao idoso, destacam-se os mais graves, os que resultam de vivências passadas que o Espiritismo veio aclarar, buscando novas soluções pelo amor, pelo perdão e pelos inúmeros recursos espíritas inerentes a cada caso.

> A família é o laboratório de vivências das mais expressivas de que necessita o ser humano, no seu processo de evolução, porquanto, no mesmo clã, os indivíduos são conhecidos, não podendo disfarçar os valores que tipificam. [...] No recesso da família renascem os sentimentos de afinidade ou de rechaço que os Espíritos preservam de outros relacionamentos felizes ou desventurados em reencarnações transatas, refletindo consciente ou inconscientemente como necessidade de liberação dos conflitos, quando forem dessa natureza, ou intensificação da afetividade, que predispõe às manifestações mais significativas do amor além da esfera doméstica (FRANCO, 2000, cap. *Relacionamentos humanos*, it. "Relacionamentos familiares").

Deverão ter muita paciência e devotamento os que se dedicam a sustentar a harmonia familiar, aqueles que já estão mais equilibrados emocionalmente e conhecem as leis da vida, que buscam entender o porquê das divergências, dos conflitos familiares e se armam de muita generosidade e renúncia para sedimentar a paz e a harmonia almejada.

A família bem estruturada em bases cristãs terá melhores chances de minimizar os conflitos e os desajustes do grupo familiar, principalmente proporcionando aos idosos condições de se sentirem aceitos e integrados, recebendo as atenções e o carinho que merecem.

Quando o idoso se sente bem junto à família, tem mais condições de se manter em atividades fora do lar e consegue novos relacionamentos, buscando ajuda ou participando de clubes ou grupos que atendam essa faixa etária com atividades de lazer ou voluntariado, caso tenham condições de ajudar o próximo. Sentindo-se útil, ele estará mais apto a uma vida feliz e terá melhores condições de manter o otimismo e o bem-estar físico e espiritual.

Na maioria das vezes, o idoso é mais respeitado no contexto familiar quando o fator socioeconômico lhe é favorável. Quando é dependente e já não tem energia para trabalhar, fica à mercê da boa vontade dos familiares, e o tratamento e as atenções serão as mais variáveis, dependendo do grau de educação e respeito e dos exemplos que os pais dão aos filhos.

É difícil compreender os desajustes familiares e os conflitos de gerações sem o conhecimento da reencarnação, porque somente com o entendimento das vidas sucessivas conseguiremos, pela renúncia, pelo perdão e pela benevolência, superar as dificuldades e progredir espiritualmente.

No caldeamento de nossos sentimentos e de nossas emoções, mediante os ajustes que fazemos na família, buscando a harmonia e o bem-estar para todos os integrantes, o ressarcimento dos débitos do passado, quando conseguimos amar e renunciar, mediante dores acerbas em convivências difíceis, seremos detentores da paz interior, ressarciremos velhos débitos e conquistaremos maiores créditos perante a Justiça divina.

Outro fator predisponente de conflitos é o nível social e de educação do grupo familiar. A excessiva disciplina ou estrutura rígida e muito conservadora gera conflitos com os mais jovens, e os avós terão dificuldades para aceitar as mudanças naturais que vão surgindo com a evolução dos costumes, o que dificulta o entrosamento e a adaptação de todos.

Os mais jovens e toda a família deverão ter atitudes de respeito aos direitos do idoso, compreendendo suas necessidades e suas aspirações e respeitando sua privacidade, sua liberdade de se expressar e seu direito de participar da vida familiar.

Os mais velhos deverão: buscar outras atividades fora do lar, desde que suas condições físicas permitam; manter atitudes coerentes com sua faixa etária; buscar informações por meio de leituras e ter uma visão mais otimista da vida; envidar esforços para a adaptação com os demais integrantes do grupo familiar e um convívio mais harmonioso no qual todos se sentirão bem.

Vivendo sob o mesmo teto, é natural que o idoso opine em determinadas situações quanto à condução de certos problemas do grupo familiar. Encontramos, muitas vezes, divergências sanadas com habilidade pelos mais velhos porque já vivenciaram ocorrências idênticas e sabem conduzir seus filhos para melhores soluções.

As divergências familiares, os conflitos gerados por fatores diversos e, principalmente, a falta de afinidade espiritual constituem as maiores dificuldades da vida em família, causando sofrimento e desânimo aos que não compreendem os antecedentes espirituais, facilmente compreensíveis à luz da reencarnação.

"De todas as provas, as mais duras são as que afetam o coração. Um, que suporta com coragem a miséria com provações materiais, sucumbe ao peso das amarguras domésticas, pungido da ingratidão dos seus" (KARDEC, 2007, cap. XIV, it. 9). Com esse comentário, Santo Agostinho analisa as dores sentidas pelos que sofrem no lar as dissensões, as incompreensões e a ingratidão, comentando que somente encontrarão a coragem moral os que conseguirem entender as causas dos conflitos que dilaceram as almas mais sensíveis. Remonta às vidas anteriores toda a problemática que ressurge, convidando todos à abnegação, à renúncia e ao perdão.

Aos que criam dificuldades no grupo familiar, ele incita:

> Acolhei-os, portanto, como irmãos; auxiliai-os e, depois, no mundo dos Espíritos, a família se felicitará por haver salvo alguns náufragos que, a seu turno, poderão salvar outros (KARDEC, 2007, cap. XIV, it. 9).

As lentes do amor

Há tanto para se ver para aqueles que sabem onde e quando abrir os olhos...

As palavras acima são do fotógrafo profissional e jornalista científico Laurent Laveder, que alia o conhecimento à arte de fotografar, percebendo nuanças que poucos conseguem e fazendo montagens espetaculares repletas de emoção e sensibilidade. A obra mais conhecida e que mais circula na Internet é a *Moon Games*, em que ele fotografa pessoas interagindo com a Lua.

Comentando o motivo que o leva a realizar esse trabalho, ele fala com palavras simples, mas que enunciam uma verdade: "Poucos aprendem a olhar com os olhos da alma ou do coração para ver a beleza que a vida lhes reserva a cada novo tempo...".

A natureza é pródiga em nos presentear com cenas lindas, comoventes e inesperadas que vão, de mansinho, despertando a visão real do que se esconde por trás de pequeninas dádivas retratadas nas flores, nos campos, nas árvores, nas pessoas que caminham, no céu que espelha cenas fugazes e transitórias. Simples imagens ou grandiosas cenas para os que as compreendem, despertando emoções revestidas dos melhores sentimentos.

Cada ser humano tem um grau de sensibilidade na contemplação do belo, do inatingível pelos sentidos físicos, mas tão reais que se confundem com o que podemos tocar e sentir.

Quando abrimos os olhos, percebemos que Deus nos qualificou de humanos, despertando em nós a magia do sonho, do amor, da plenitude com que poderemos, se o desejarmos, enriquecer as horas bem vividas.

Com esses pensamentos, desejo que você, querido leitor, que busca no que escrevo algo que o ajude a caminhar com mais leveza e gratidão, perceba como estou me sentindo agora que posso falar ao seu coração e repassar a beleza de tudo o que me cerca e, principalmente, do que está ínsito em minha alma, como filha de Deus, herdeira de seu amor e da vida que esplende diante de mim.

É esse sentimento maior que inunda minha alma quando vislumbro o que é belo com os olhos do coração e desperta essa vontade de repassar para você os melhores sentimentos que fui amealhando ao longo dessa caminhada, nem sempre serena, mas rica de ensinamentos assimilados no estudo que me levou a cultivar os melhores sentimentos na tentativa de vivenciar as lições imorredouras do Mestre Jesus.

Hoje reconheço que, sem esse roteiro, sem essa luz, eu teria me perdido no cipoal das dúvidas e caído no despenhadeiro das ilusões efêmeras da vida material.

Quando falo na moral do Cristo, como escudo e luz nos defendendo das agruras do caminho, direcionando nossos passos, não desejo apenas que me entenda no sentido da segurança material, mas, principalmente, nessa abertura maior diante das dificuldades do caminho que se distende para minha alma como um leque de oportunidades e justificativas coerentes com a Justiça divina!

Além dessa compreensão maior de nossos destinos como seres imortais que somos, tendo uma percepção real da vida espiritual que prossegue além da transitoriedade física, ainda contamos com os recursos que a fé nos proporciona pela prece, pela meditação, pelo autoconhecimento numa aferição real de nossos deveres, de nossas possibilidades e a certeza de que nunca estaremos a sós.

A prece nos conforta a alma e eleva nosso pensamento, conferindo-nos maior serenidade íntima diante da dor, das dificuldades que surgem de forma inesperada no caminho.

A certeza de que teremos o tempo necessário para conquistar os valores que nos elevarão na escala da evolução faz com que a ansiedade e a precipitação não nos embaracem a visão de nosso futuro espiritual.

E vamos, na contemplação das benesses que a fé nos confere, aliada ao poder de visualizar diante de nós a beleza das coisas simples que se agigantam quando as analisamos com os olhos da alma, prosseguindo com maior segurança.

Amélia Rodrigues, falando da cegueira de Tomé — a mais grave: a da alma, que dilacera o coração, quando não aceitava que o Mestre ressuscitara, porque ele estava ausente na aparição aos apóstolos —, leciona para todos nós:

> O cego dos olhos pode imaginar e conceber na mente, mas o cego do espírito nega-se a pensar, sequer, na remota possibilidade de algo existir ou acontecer [...]. O mundo está repleto de cegos de espírito, aqueles que apalpam e apertam as coisas, que abarcam as posses, que comprazem com o vinho do prazer espúrio que lhes corre as veias e artérias do sentimento... (FRANCO, 2008, cap. 21).

E a nobre benfeitora comenta, também, a cegueira dos néscios, dos insolentes e astutos, dos soberbos e dos fátuos que nada veem além da realidade material que os cerca e sufoca, impedindo-os de ver o essencial.

Quando somos tocados pela compaixão, pelo amor diante de alguém que sofre e nos pede compreensão, acolhimento, a migalha de um gesto de carinho e ternura, se estivermos inundados desse sentimento sublime que nos une como irmãos, filhos de Deus, veremos naquele que nos procura algo mais que um sofredor ou incompreendido. Perceberemos todo um manancial de bênçãos que poderemos usar a seu favor, se formos tocados pela magia do amor, da compreensão, da solicitude. E será tão grande a felicidade, a paz que sentiremos, que ele, possivelmente, conseguirá melhorar naquele momento, seguindo seu caminho mais tranquilo e esperançoso.

É difícil seguir o roteiro do Evangelho de Jesus?

Será que nossa sensibilidade está tão sufocada pelas conquistas materiais, pelo poder, pelo desejo de supremacia, que não nos importamos, realmente, com o infortúnio do outro?

Creio que não. Requer apenas de cada um de nós a humildade de nos tornar simples e puros de coração para visualizar com gratidão e respeito a indestrutível riqueza de tudo o que nos é ofertado a cada novo dia, compartilhando com os irmãos do caminho as dádivas da compreensão e do conhecimento que enriquecem nossas almas.

> Na área das observações morais, cada criatura tem a dimensão do fato de acordo com a óptica emocional e mental de que se utiliza. Não é estranhável, portanto, que se defrontem pessoas que somente enxergam imperfeições, erros e mazelas. [...] Coloca as lentes do amor sobre as tuas deficiências e observarás a vida, as pessoas e as coisas sob angulação feliz, num prisma rico de belezas, que te ensejará mais produzir, quanto mais te devotares ao compromisso (FRANCO, 2010, cap. 7).

Neste livro que comento experiências e lutas no âmbito familiar, onde, realmente, aprendi a exercitar o amor e a paciência, não ditarei normas de comportamento nem soluções mágicas para os problemas vivenciais.

É meu intento repassar para os que me leem os recursos que a Doutrina Espírita imprimiu em meu viver, como apoio e solução para os males que afligiam meu espírito, e demonstrar de forma simples o quanto fui beneficiada com esses ensinamentos.

Entretanto, meu argumento maior será a temática do amor como solução para todos os momentos em que a dúvida, o sofrimento e o desânimo tentam obstar nosso crescimento moral e o cumprimento de nossos deveres como cristãos.

Agindo assim, sob o sol do amor, conseguiremos perceber o que nos cerca com os olhos da alma. Romperemos a sombra que tolda nossa visão interior e visualizaremos a luz da verdade expressa na vida em sua dimensão maior!

Enriquecidos com essa nova contemplação do que realmente importa, teremos mais chances de vencer e prosseguir fiéis aos compromissos assumidos junto à família, nosso alicerce de amor para o enfrentamento das lutas do mundo.

Relacionamentos modernos

A CHUVA QUE caiu nos últimos dias de forma contínua deixou a estrada lamacenta e escorregadia, dificultando o trânsito na área rural.

Todavia, favoreceu o silêncio e a introspecção para os que permaneceram em casa. Nos sítios e campos, a natureza agradecida demonstrou na paisagem a beleza refletida no verde das árvores ainda umedecidas pelas gotas de água em seus ramos que brilhavam naquele amanhecer como gotas de diamantes, embelezando o jardim em torno da casa.

O gramado reverdecido pela bênção dos dias chuvosos, como um tapete imenso, emoldurava os troncos das árvores, dos arbustos floridos. Caminhando sobre ele, podíamos sentir sua maciez aveludada acariciando-nos os pés.

O Sol, por trás de nuvens compactas, mostrava sua presença pela luminosidade e no ar abafado, todavia não se deixava ver com todo o seu brilho e esplendor dos dias anteriores de verão de luzes e estiagem prolongada.

Agradecíamos, todos nós que nos reunimos naquele final de semana, a bênção da chuva generosa, mas já sentíamos falta da liberdade de caminhar no jardim ou pela estrada do condomínio e sentir no rosto a aragem refrescante no alvorecer, o que nos possibilitava momentos de reflexões mais demoradas.

Meditando em torno da vida em família, dos relacionamentos afetivos estreitados pelos laços do amor sincero e da fidelidade, ficamos imaginando como será a Terra após a fase de transição, quando adentrarmos no ciclo da regeneração.

Analisando os relacionamentos atuais, sentimos que somente Deus com suas leis sábias e justas poderá reverter os desajustes e a miséria moral decorrentes do comportamento humano tão distante do ideal enobrecedor que constitui uma família cristã, cujos participantes agem com equilíbrio, amor e responsabilidade.

Nos tempos modernos, vão se escasseando os valores morais e uma nova estrutura familiar vai se delineando como se nada mais importasse que a posse, o poder e o prazer, dando ao indivíduo *status* social, num comportamento exibicionista e nem sempre condizente com a realidade.

Essas reflexões em torno da família atual levaram-me a pensar mais nitidamente em como andam os relacionamentos no grupo familiar.

Apagando da mente os pensamentos negativos que surgiam e analisando alguns relacionamentos modernos, casamentos de conveniência e uniões afetivas estribadas em interesses puramente materiais, lembrei-me de que não poderemos perder a esperança de um mundo equilibrado pelos valores reais e imperecíveis do espírito imortal, porque tudo é impermanente quando não segue a linha de evolução a que estamos destinados.

Consciente de que a família é a base da sociedade e segundo o pensamento espírita contido nas obras básicas que orientam todos os princípios doutrinários, não há como destruir em definitivo o grupo familiar porque nele se assenta a lei do progresso social, estando um ligado ao outro no desenvolvimento moral de toda a humanidade.

A clareza dos argumentos de *O livro dos espíritos* dá-nos maior tranquilidade ao analisar esse problema que aflige a todos nós.

Na questão 695 encontramos:

> O casamento, isto é, a união permanente de dois seres, é contrária à lei da natureza?
> R. — É um progresso na marcha da humanidade.

E logo a seguir, na questão 696:

> Qual seria o efeito da abolição do casamento sobre a sociedade humana?
> R. — Uma regressão à vida dos animais (KARDEC, 2007, cap. IV, it. III, q. 695).

E Kardec faz comentários lúcidos que são subsídios valiosos para analisarmos e entendermos que o instituto da família não será extinto, como supõem alguns, todavia passará por transformações, ajustando e aparando as irregularidades que possam ainda existir, motivando tantas uniões instáveis baseadas tão somente em interesses materiais e paixões inferiores que desagregam e perturbam. Segundo Kardec:

> A união livre e casual dos sexos pertence ao estado da natureza. O casamento constitui um dos primeiros atos de progresso nas sociedades humanas, porque estabelece a solidariedade fraterna e se encontra entre todos os povos, embora em condições diversas (KARDEC, 2007, cap. IV, it. III, q. 696).

Nesse assunto, por meio das perguntas formuladas aos Espíritos superiores, Kardec expressa pensamentos bem atuais em seus comentários sobre uniões indissolúveis contrárias à natureza por serem estabelecidas por leis humanas. Em *O evangelho segundo o espiritismo*, desenvolve esse tema com mais amplitude, ao tratar da indissolubilidade do casamento e da lei do divórcio.

> Imutável só há o que vem de Deus. Tudo o que é obra dos homens está sujeito a mudança. As leis da natureza são as mesmas em todos os tempos e em todos os países. As leis humanas mudam segundo os tempos, os lugares e o progresso da inteligência. No casamento, o que é de ordem divina é a união dos sexos, para que se opere a substituição dos seres que morrem: mas as condições que regulam esta união são de tal modo humanas, que não há, no mundo inteiro, nem mesmo na cristandade, dois países onde

> elas sejam absolutamente idênticas, e nenhum onde não haja, com o tempo, sofrido mudanças. [...] Mas, na união dos sexos, a par da lei divina material, comum a todos os seres vivos, outra lei divina, imutável como todas as leis de Deus, exclusivamente moral: a lei do amor (KARDEC, 2007, cap. XXII, it. 2 e 3).

Em nosso país, depois de regulamentada a lei do divórcio, mudanças radicais aconteceram e muitos casais puderam se unir legalmente, organizando os núcleos familiares. Houve, entretanto, certo abuso na incidência crescente das separações por motivos sem grande importância ou mesmo interesses estritamente materiais.

Os casamentos já não são programados previamente, os casais não usam de mais tempo para se conhecerem realmente, o que evitaria problemas e desilusões, porque são levados, muitas vezes, por atitudes imaturas e precipitadas ao se unirem, reconhecendo tardiamente que a união não tem a estabilidade que desejavam.

Além dessa ocorrência, há casamentos acidentais motivados por excesso de liberdade na área da sexualidade, sem a maturidade física ou emocional necessária para constituir uma família em bases sólidas, dentro de uma programação espiritual ou mesmo sem o sentimento de amor que poderia remediar o gesto precipitado dos jovens.

Separações acontecem em diferentes fases do casamento, desde os primeiros meses e nos anos subsequentes, motivadas por fatores diversos como: imaturidade emocional, dificuldades financeiras, falta de adaptação à vida comum, desequilíbrio sexual, infidelidade, atitudes egoísticas e questões religiosas.

Quando o casal ainda não tem filhos dessa união, fica menos complicada a separação, e as consequências menos danosas desaparecem com o tempo. As novas uniões serão realizadas em momentos mais adequados. Entretanto, se têm filhos, é muito difícil que estes não sofram com a falta de um dos pais, o que desagrega a família e causa distúrbios psíquicos nas crianças e nos adolescentes.

Joanna de Ângelis leciona que:

> Quando se pensa em relacionamento afetivo duradouro, deve-se ter por meta a conquista do ser essencial e dos seus valores, ao invés dos interesses imediatistas do conúbio de natureza sexual. O receio que preside a muitas buscas é de que a sucessão do tempo proporciona saturação e desinteresse, face à convivência repetitiva, que termina por se fazer monótona e desagradável. Este raciocínio falso conduz a um temor injustificado e, por consequência, a uma frenética busca por diversidade, na qual o indivíduo se entrega à luxúria sob a incoerente explicação da necessidade de amor (FRANCO, 2008, cap. *Relacionamento afetivo*).

Em seus comentários, a nobre benfeitora espiritual não discrimina o tipo de união estável, se é por casamento civil ou religioso, conforme a crença de cada um, mas fala tão somente das uniões estruturadas com a responsabilidade de permanecerem juntos, vinculados pelo sentimento nobre que é o amor, mantendo o respeito recíproco, a necessidade fraternal e amiga de estarem juntos, com uma ligação espontânea.

> Cada um dos membros da afetividade sente-se então vinculado ao outro, sem interdependência perniciosa, mas através de uma constante relação plenificadora, que se torna motivo permanente de convivência. Temas novos são discutidos, aspirações formosas são desenhadas, buscas de horizontes amplos surgem como bênçãos e, quanto mais amadurece a afeição, mais estreitos são os liames de sustentação. Neste particular, a fidelidade assume papel de suma importância, porquanto somente por meio da confiança tranquila podem ser edificadas as bases do relacionamento feliz (FRANCO, 2008, cap. *Relacionamento afetivo*).

Segundo o pensamento da benfeitora espiritual, isso não ocorre quando as pessoas são inseguras e têm dificuldade para manter um relacionamento afetivo. Estão sempre desconfiadas, com instabilidade emocional, temerosas de assumir responsabilidade e sufocadas por seus conflitos perturbadores.

Esses indivíduos, embora fisicamente amadurecidos, não têm equilíbrio emocional e são incapazes de amar em plenitude porque não se conhecem, estão insatisfeitos consigo mesmos e assim não poderão demonstrar para o parceiro, ou aquele que deseja ter a seu lado, sentimentos que ainda não cultivou em seu mundo íntimo.

Há que se empenhar para uma análise mais ampla de suas potencialidades, com uma ajuda profissional, se for o caso, desenvolvendo o sentimento de afetividade que não consegue exteriorizar ou que ainda não tem para consigo mesmo, dificultando a harmonização com o outro.

O esforço deverá ser daqueles que buscam uma união estável, e o amor será o sentimento que deverão cultivar, partindo de uma transformação moral, educando seus sentimentos, equilibrando as sensações e emoções dentro de níveis compatíveis com sua condição social e espiritual.

Creio que os casamentos atuais andam fracassando com maior frequência pela falta desse sentimento que faculta a gentileza, a generosidade, a doação sincera e contínua, o companheirismo sem atitudes egoísticas ou ambições que geram desequilíbrio no grupo familiar.

> Todos os indivíduos necessitam de um relacionamento afetivo seguro, fundamentado nos sentimentos de comunhão e entrega pessoal, de família e de sociedade. Banido da união o egoísmo doentio, torna-se exequível a vivência da afetividade sem jaça, que suporta todas as agressivas reações do grupo social, no qual se convive, ou as dificuldades normais dos períodos mais difíceis do relacionamento. Da mesma forma que a saúde resulta de fatores psicobiossociais e espirituais, a felicidade também dimana do equilíbrio desses instrumentos, que constituem o quadro operacional da existência humana na Terra. Assim sendo, o amor é a alma do relacionamento afetivo equilibrado, tornando-se a ponte de segurança para a auto e a alo realização espiritual com vistas ao futuro eterno do ser (FRANCO, 2008, cap. *Relacionamento afetivo*).

Com os recursos espíritas e o conhecimento das leis morais que regem a harmonia de todos os seres viventes que buscam o progresso e desenvolvem suas potencialidades ao longo das vidas sucessivas, devemos estar atentos e coerentes com tudo o que já assimilamos, procurando vivenciar, no âmbito social e familiar, a excelência das lições inseridas no Evangelho de Jesus como roteiro seguro para o equilíbrio das uniões estáveis alicerçadas no amor.

Mesmo nessas famílias, surgem problemas vivenciais e lutas que deverão ser encaradas com coragem e discernimento, apoiadas na fé e no sentimento nobre que une seus membros, de modo a sair o grupo familiar fortalecido e mais unido após a dificuldade e, assim, poder caminhar esperançoso, desfrutando a alegria de viver.

Distúrbios de comportamento no lar

Existe a família perfeita?

O que somos em nosso lar é o mesmo que aparentamos ser no meio social, na comunidade religiosa ou na rua?

Sem ser pessimista, mas procurando falar das dificuldades e dos distúrbios que alteram o comportamento no âmbito familiar, desejo tão somente analisar que é muito complicado afirmar que todas as pessoas agem com a mesma autenticidade na vida social.

Mesmo nas famílias mais harmônicas, cujos integrantes tenham atitudes amorosas e de respeito mútuo, há momentos ou fases em que as dificuldades se avolumam, o que gera crises e incompreensões, algumas facilmente sanáveis, outras, entretanto, de difícil reparação em curto prazo.

Há indivíduos que usam máscaras para esconder a verdadeira personalidade diante de situações em que desejam agradar, em que tenham que respeitar regras ou enfrentar desafios para obter determinadas vantagens.

A postura social, muitas vezes, não retrata autenticidade, mas emprega disfarces, demonstrando amabilidade na busca de soluções vantajosas, porém imbuída de desejos e poderes que apenas serão adquiridos se observados certos padrões.

Isso acontece porque, em nossos lares, somos realmente autênticos e agimos sempre com naturalidade, deixando cair as máscaras que usamos em sociedade e demonstrando nossas reais condições e nosso grau de sensibilidade diante das situações e crises naturais coerentes com nosso nível evolutivo.

Somos, nesse reduto abençoado, livres e destituídos de quaisquer motivações que não sejam as nossas reais possibilidades e apresentamos os valores morais que realmente possuímos.

É evidente que nosso comportamento no lar reflete nosso amadurecimento espiritual, nossa condição moral e o que já amealhamos nas sucessivas vidas, no enfrentamento de situações, calejados pelas dores morais, ou ainda nos detemos nos labirintos do erro e dos vícios morais, agindo com egoísmo e orgulho.

Allan Kardec, ao tratar da conduta humana no reduto sagrado da família, faz alusão ao comportamento de certos indivíduos fora do lar:

> A essa classe também pertencem esses homens de exterior benigno, que, tiranos domésticos, fazem que suas famílias e seus subordinados lhes sofram o peso do orgulho e do despotismo, como a quererem desforrar-se do constrangimento que, fora de casa, se impõem a si mesmo. Não se atrevendo a usar de autoridade para com os estranhos, que os chamariam à ordem, acham que pelo menos devem fazer-se temidos daqueles que lhes não podem resistir. Envaidecem-se de poderem dizer: "aqui mando e sou obedecido", sem lhes ocorrer que poderiam acrescentar: "e sou detestado" (KARDEC, 2004, cap. IX, it. 6).

Infelizmente, é o que ocorre, ainda, em muitos lares onde predominam o orgulho e a vaidade.

Muitos sonham com a família feliz e sem problemas, como as que vemos na TV exibindo semblantes sorridentes, envoltos por uma serenidade e uma confiança que causam inveja aos que almejam o lar dos sonhos, pacificado por confiança, respeito, gentileza constante e abençoado pelo amor — sublime amor!

Sabemos que não é assim que funciona na vida real porque, mesmo nas famílias mais bem qualificadas como *lar*, há desafios e lutas a serem superados com boa vontade e coragem moral. O lar é o mais importante núcleo onde aprendemos a conviver, onde vivenciamos as primeiras emoções e exercitamos a vida em sociedade.

Leciona Joanna de Ângelis:

> As soberanas leis da vida estabelecem códigos que se expressam automaticamente conforme as circunstâncias, obedecendo a padrões de comportamentos que estatuem as ocorrências no processo da evolução dos indivíduos em particular e da sociedade como um todo. Os pais, por isso mesmo, não são seres fortuitos que aparecem à frente da prole, descomprometidos moral e espiritualmente. São pilotis da instituição doméstica, sobre os quais se constroem os grupos da consanguinidade e da afetividade (FRANCO, 2000, cap. *Amor filial*).

No lar, educamos nossos sentimentos, equilibramos nossas emoções quando temos a humildade de aceitar o outro sem exigências, perdoar sem condicionamentos e amar integralmente.

Todas as sociedades humanas em sua trajetória, ao longo das diferentes fases de seu progresso, têm como base a família organizada na qual seus elementos aprendem a dividir, a amar, a respeitar o espaço alheio e a ceder com o objetivo de manter o equilíbrio e a paz.

O exercício das virtudes básicas para a conquista da harmonia íntima tem início na comunidade familiar em que se cresce e enaltece o valor da paciência, da gentileza, da fraternidade, da compaixão, da solicitude e da reciprocidade.

Joanna de Ângelis nos ensina que a convivência amável e edificante nos relacionamentos familiares nos conduz a uma atitude equilibrada diante dos desafios e que uma boa palavra auxilia sempre: "Uma referência estimuladora a uma atitude ou ação correta proporciona recursos para a sua repetição até transformar-se em automatismo, em hábito dignificante." *(FRANCO, 2005, cap. 21).*

Assim, a advertência a um familiar, quando se encontra em erro, a demonstração do interesse para que acerte e possa se reabilitar, complementando essa atitude com um gesto de carinho, de incentivo e apoio na análise de algo que ele realiza de forma positiva, age como um estímulo em seu mundo interior, facultando sua harmonia e seu desejo de melhorar.

Os seres humanos em processo de evolução erram e aprendem com a experiência. Assim, os pais têm para com seus filhos, enquanto dependentes físicos e emocionais, no processo de educação e formação de caracteres, o dever de agir com justiça e equilíbrio, dosando a correção com os gestos de carinho e atenção, dando-lhes recursos para buscar a melhoria íntima. É importante, portanto, corrigir sem levar o faltoso ao desânimo diante do problema a vencer.

Quando se trata do companheiro ou companheira que escolhemos para a formação do lar, é bem mais difícil, porque requer renúncia, atitudes sem imposições ou cobranças aliadas ao amor que se propõe a ajudar e juntos vencerem as dificuldades do relacionamento.

Acredito que é justamente na família que exercitamos com maior denodo a paciência, o despojamento, a solicitude, o devotamento, a abnegação. Atingir esse nível de comportamento custa muito sacrifício pessoal, muita generosidade e uma compreensão infinita diante do outro que está em desarmonia com os objetivos do lar bem estruturado no amor.

O melhor é manter a união, recordando sempre os objetivos do lar e as possíveis interferências espirituais que tentam destruir os laços de amor e fraternidade estabelecidos e, em sua maioria, planejados no mundo espiritual para resgate e redenção dos componentes da família. Usar de todos os recursos, sem romper o relacionamento, orando por uma possível reabilitação e desejando sinceramente que o outro mude seu comportamento moral.

Temos no Evangelho de Jesus o roteiro que nos dará o discernimento para prosseguir com fé, paciência e muito amor no desempenho dos deveres assumidos junto à família.

Nosso exemplo, nossa capacidade de amar e perdoar serão os catalisadores das energias positivas que atrairão a proteção dos abnegados benfeitores espirituais que zelam pela harmonização de todo o grupo.

Muitas vezes, indagamos diante do parente difícil, cuja problemática não conseguimos solucionar: "Por que no núcleo familiar existem os que se mostram arredios aos ensinamentos e às mudanças que facilitariam uma convivência mais harmoniosa?".

Para nós, espíritas, é fácil compreender essas desigualdades e os distúrbios gerados pelos que não seguem as normas familiares. Temos subsídios na lei da reencarnação e todas as explicações importantes para compreender que formamos as famílias terrestres em diferentes situações, desde as que são estabelecidas por laços de afinidade espiritual até as que se formam para a correção e elaboração dos liames da fraternidade e do amor por meio da convivência diária e das lutas comuns.

A parentela difícil é um mecanismo da Lei divina no sentido de reconstruirmos em bases mais sólidas a convivência, ressarcindo débitos anteriores, reparando erros e conquistando corações que ainda não nos compreendem ou respeitam.

Somente com muito amor e tolerância, compreensão e solicitude venceremos as dificuldades impostas pela convivência difícil em que ainda não medram a afinidade espiritual, a confiança mútua e o respeito ao direito do outro.

Algumas atitudes simples nos ajudarão a superar as dificuldades no lar quando as animosidades ou alguns sentimentos nos assaltam e criam obstáculos que dificultam um bom relacionamento. Eis algumas:

¶ Exemplifique o que ensina e recomenda aos outros. Seus atos convencem mais que as palavras, mesmo as mais sinceras.

¶ Aja com energia, quando necessário, mas fale com ternura e amor, abrindo as portas do seu coração.

¶ Seja gentil, educado e fraterno com todos. Agradeça as manifestações de carinho e a prestação de pequenos serviços que lhe façam, como um copo de água, um cafezinho, carregar suas compras etc.

¶ Evite comentários maledicentes e de menosprezo em seu lar, mantendo o ambiente doméstico livre de fluidos negativos e perniciosos.

¶ As recomendações para os filhos evitarem o álcool, o fumo e outras drogas não terão efeito algum se não forem alicerçadas no seu exemplo.

¶ Mantenha sempre o diálogo esclarecedor e fraterno com todos, falando com sinceridade, ouvindo com paciência e, quando não conseguir seu intento, cale e aguarde outra ocasião para defender suas ideias.

¶ Aja com sinceridade junto aos familiares, sem ostentar rebeldia ou prepotência, sendo gentil e humilde e facilitando a aproximação e a liberdade de todos dentro dos limites impostos pela educação moral.

¶ Identifique os hábitos nocivos dos filhos e os seus, buscando a reeducação moral pelo Evangelho de Jesus, sem agressões ou posturas inconformistas, orando e mantendo a confiança em Deus.

¶ Ame e perdoe sem impor condições, buscando sempre o equilíbrio e a paz advinda de uma família cristã — fonte de estímulos para gerar hábitos saudáveis e mudanças que enobreçam a vida de todos.

¶ Seja simples e viva com o essencial.

¶ Mantenha a esperança e a fé em seu coração — forças espirituais que manterão sua vida em paz.

¶ Evite o medo e a insegurança com relação aos seus familiares. Eles também são filhos de Deus, que cuida de cada um de nós com infinito amor.

¶ Reserve alguns minutos de seu dia para meditar, refletir e repensar sua vida, seus atos, buscando o autoconhecimento que o ajudará nos momentos difíceis.

Não é tão difícil assim! Você se surpreenderá com os resultados se agir com amor, porque "ele funciona como elemento catalisador para os altos propósitos existenciais" (FRANCO, 1998, cap. *Vitória do amor*, it. "Amor que liberta").

Quando sofremos

A dor, malgrado incomode, convida à reflexão (FRANCO, 2005, cap. 24).

Quando sofremos, passamos por estágios que teremos de vencer a partir de uma análise criteriosa de reconhecimento das causas que motivaram as dificuldades e dores da alma que nos perturbam a paz e a alegria de viver. Ninguém poderá percorrer por nós esses estágios. É um processo que se inicia na busca do autoconhecimento, reavaliando nossas atitudes, nossos equívocos, nossas mágoas, sem culpar ninguém pelo que sentimos.

É difícil atingir essa compreensão do sofrimento que nos atinge. Muito mais cômodo é culpar terceiros, julgar que todos nos abandonaram, justificar nossos erros e insistir que fizemos tudo que estava ao nosso alcance para não chegar onde estamos, que todo nosso empenho foi em vão.

Fugimos e agredimos as pessoas que poderiam nos ajudar com maior sinceridade e paciência porque elas nos dizem a verdade e nos amedrontamos diante dos fatos que ficam claros e mais simples quando encontramos a explicação racional do que nos causa padecimentos.

Demoramos no processo da autopiedade, choramos e sofremos a dor da ausência dos que amamos, dos que não nos entendem, dos que se afastam nesses transes dolorosos da existência.

O tempo que demoramos nessas fases é relativo. Cada ser humano reage de maneiras diferenciadas ante a dor. Naturalmente, a capacidade mais equilibrada de sofrer não se adquire sem lutas e vontade imensa de acertar, de seguir em frente sem que se lance ou culpe o destino e os que nos cercam do que acontece conosco.

Depois de muitas decepções, muitos desencantos e de uma compreensão maior da realidade existencial e do objetivo de estarmos aqui na Terra em processo de reajuste e reparação de faltas do pretérito, entendemos a função educativa da dor.

Alguns dizem que é uma atitude radical ter essa linha de raciocínio porque, muitas vezes, os sofrimentos são consequências de atos da vida presente. É verdade, mas estes são mais fáceis de serem eliminados porque muitos dos que fizemos sofrer estão, ainda, ao nosso lado, e as atitudes mútuas de renúncia e perdão ajudarão a solucionar as dificuldades.

Valorizar o que nos acontece para aquilatar a dimensão de sua importância para nosso crescimento espiritual é buscar entender melhor o sofrimento para não desesperarmos e conseguirmos o lenitivo adequado.

A dor física, na maioria dos casos, não nos fere tanto como a dor moral. Entretanto, há pessoas que sucumbem ante o sofrimento proporcionado por uma enfermidade e suportam com maior coragem as dores morais. Outros se desesperam diante de qualquer contratempo e perdem a valiosa oportunidade de crescer espiritualmente.

Quando sofremos e nos resignamos, estamos em processo de aprimoramento moral e redenção espiritual. Emmanuel, em *O consolador*, respondendo a uma questão sobre o auxílio da dor em nossa redenção, explica:

> No trabalho de nossa redenção individual ou coletiva, a dor é sempre elemento amigo e indispensável. E a redenção de um Espírito encarnado, na Terra, consiste no resgate de todas as suas dívidas, com a consequente aquisição de valores morais passíveis de serem conquistados nas lutas

planetárias, situação essa que eleva a personalidade espiritual a novos e mais sublimes horizontes na vida do Infinito (XAVIER, 2013, cap. 25, q. 241).

Lembremo-nos de que nem todo sofrimento na Terra é expiação que resgata faltas anteriores em caráter de reabilitação moral. As dores poderão ser provas abençoadas que visam ao nosso progresso espiritual, estimulando novas aquisições, quando saímos vitoriosos diante do testemunho das horas difíceis e dos desafios do caminho.

> Mais vale chegar ao termo da jornada evangélica de coração ralado, pés feridos e mãos calejadas, a sós, mas tranquilo, do que ser surpreendido pela desencarnação bem acondicionado no prazer e cercado de amigos que, no entanto, nada poderão fazer por ti, em relação à consciência em despertamento no pórtico da Imortalidade (FRANCO, 2005, cap. 24).

Com o conhecimento espírita que nos permite uma fé racional e lógica, entendemos melhor a causa das dores e das dificuldades que encontramos no caminho.

Na diversidade das dores morais, aquelas que ferem o cerne da alma, deixando feridas e cicatrizes de difícil erradicação em apenas uma existência, considero o sofrimento no reduto sagrado da família como o mais difícil.

Mesmo com o amor alicerçando o grupo familiar, há sofrimentos que nos levam a processos de reajuste perante a Lei divina, provações que nos são impostas ou mesmo escolhidas, visando ao nosso progresso moral. Diante da ingratidão, do abandono, das agressões sofridas com aqueles a quem dedicamos nossas vidas e aos quais procuramos ensinar caminhos mais seguros para que se sentissem felizes, são muito intensas e dilaceram o coração dos que as sofrem.

Felizes os que, embora sofrendo a angústia do abandono e da ingratidão dos seus, conserva o amor no coração e perdoa incondicionalmente seus entes queridos!

Abençoadas as mães que são agredidas por filhos ingratos e delinquentes, viciados e irresponsáveis e mantêm a fé e a confiança em Deus, perdoando-os o orando a cada dia para que voltem à normalidade!

Abençoados os pais que, na velhice, são explorados por familiares inescrupulosos que dizimam seus bens, deixando-os privados do conforto material e moral que prepararam, com trabalho honrado, para um futuro mais ameno!

Em sua infinita bondade, Deus, certamente, não os deixará em desamparo e estarão sempre protegidos, mantendo a coragem e eliminando de seus corações sentimentos negativos com relação a seus agressores.

As tragédias e os infortúnios nos grupos familiares se sucedem nos dias modernos. Alguns como sequelas da imprevidência e da irresponsabilidade dos pais, outros inseridos na lei de causa e efeito, quando muitos se unem em processos de expiação coletiva para o saneamento espiritual necessário.

Mas nem tudo está perdido!

Não podemos perder a fé e, para prosseguir vivendo, temos que nos apoiar na certeza da continuidade da vida após a morte, na Justiça divina que se expressa nas existências que se sucedem e oferecem novas oportunidades de recomeço, refazendo planos, reencontrando desafetos e amenizando as agruras dos que foram agredidos por nossa insensatez.

A busca da espiritualidade, a possibilidade do aprendizado e todos os recursos que a Doutrina Espírita nos concede levam-nos a uma crença racional e segura de que não estamos caminhando sozinhos e de que há todo um planejamento espiritual a orientar nossa existência. Temos um roteiro a nos guiar e apaziguar o coração, inspirado nas lições edificantes do Evangelho de Jesus.

Somos abençoados pela luz desses ensinamentos que nos mitigam as dores da alma, secam nossas lágrimas na solidão das horas sombrias, amenizam o sofrimento e a angústia que se abatem sobre nós quando nos vemos perdidos e sozinhos nas noites frias. Principalmente, sabemos o valor desse processo que, embora nos faça sofrer, será recompensado no futuro.

Não temos alternativa, já que conhecemos o caminho. Portanto, nossa programação de vida deve ser pautada no amor incondicional, como nos ensina a mentora espiritual Joanna de Ângelis:

> Perdoar a todos...
> Seguir, intimorato, a diretriz superior...
> Transformar espinhos em flores...
> Converter vinagre em linfa refrescante...
> Orar e vigiar... Amar a todos...
> Servir sem indagações...
> Amparar os que te perseguem...
> Desculpar sempre e prosseguir sem mágoas...[...]
> Ceder a indumentária, mesmo que ela seja tudo...
> Permutar pedras de aflição por moedas de luz...
> Acender a luz do discernimento... (FRANCO, 2005, cap. 24).

Essa é a diretriz da qual não poderemos fugir se desejamos encontrar a paz e a serenidade íntima!

Pacifique sua alma

Diante de mim, o mar se estende ao infinito. Emociona-me contemplar suas águas calmas nesta manhã sem a celeridade do vento que embala as folhas verdes dos coqueiros que contornam a praia. Há muito tempo não o vejo assim, tão perto, tão tranquilo. Essa serenidade atinge meu ser, apaziguando meu íntimo e confortando minha alma nesse refazimento que somente a natureza em sua prodigalidade nos oferece.

Nesta ilha do silêncio em que me abrigo, muitas vezes, busco na interiorização uma reflexão maior sobre a vida, os últimos acontecimentos, e uma nova visão de tudo alarga minha compreensão e alimenta minha fé.

Permaneceria horas sem fim nessa contemplação que me conduz ao caminho da paz e da felicidade real, entretanto, a vida nos chama aos deveres de cada dia, o corpo reclama os atendimentos necessários ao seu equilíbrio.

A reflexão desta manhã, nas férias tão almejadas e, por que não, merecidas, posso estender minhas ações na realização daquilo que é prazeroso e falar livremente das emoções e dos sentimentos que me assaltam.

Repassando para você, querido leitor, meus pensamentos, desejo que você aprenda também a realizar, sempre que possível, essa viagem ao seu mundo interior e a sós refletir sobre os valores reais que o impulsionam a viver.

Será que vale a pena tanta correria na aquisição de valores perecíveis?

Será que seus sonhos foram esquecidos ou sufocados pela luta diária na concretização de projetos materiais?

Você, realmente, está feliz e seguro diante do que espera da sua existência?

Pense comigo e busque uma análise mais profunda do que é a vida, de seus objetivos, e pacifique sua alma, iluminando-a com as luzes da esperança! Não deixe de sonhar com a felicidade e a paz. Realize o que você realmente deseja para se sentir bem consigo mesmo. Sem essa consciência do que deseja e o faz sentir-se em paz diante da vida, nada o fará feliz, nem aos que estão caminhando ao seu lado.

Volto a contemplar o mar, suas ondas beijando a areia branca em suaves carícias que lembram o amor de nossas mães em manhãs de sol, serenas, dando-nos segurança e conforto. Uma ternura imensa desperta em meu ser a gratidão a Deus por sentir, ainda, neste entardecer da vida, a motivação maior para amar e servir!

Gratidão a Deus é tudo o que sinto neste instante mágico em que os melhores sentimentos afloram em meu ser e oro feliz por mais um dia — único e maravilhoso — no calendário da vida!

Aos poucos, imagens de outra época surgem em minha mente... Revejo a família reunida, os filhos ainda ao nosso lado, alguns na fase infantil e outros adolescentes. Estávamos em férias neste mesmo local. Contemplando a praia, ouço novamente o alarido de suas vozes e as brincadeiras de outrora. As lembranças emergem como se eles estivessem diante de mim.

Meus filhos, tão espontâneos e felizes... Como nos divertíamos naqueles momentos de distanciamento dos deveres, das aulas, do trabalho em nossa cidade...

Por que os filhos crescem?

Por que a vida os vai transformando tanto, a ponto de perdermos a referência de que, realmente, sejam os mesmos de outrora?

Ah! Como a vida nos distancia de suas presenças queridas cujas lembranças retornam e revemos momentos de lazer, outros de preocupações normais do grupo familiar, quando estavam envolvidos com o vestibular, com a namorada ou namorado e ficavam de olhares distantes, sem prestar muita atenção ao que lhes dizíamos...

Havia uma ligação muito forte alicerçada no amor e juntos vencemos as lutas e dificuldades do caminho.

Há famílias que se dispersam ao longo dos anos, quando os filhos crescem e partem na direção de seus sonhos e projetos de vida. Outros seguem atalhos, tentando chegar mais rápido ao topo da montanha e se perdem nas ilusões e nos percalços das sendas perturbadoras da paz e da alegria de viver. Alguns mantêm mais fortes os elos de amor e dedicação, procurando encontrar a maneira mais amena de lidar com os momentos de inquietação e de lutas.

Mas a família cresce com os filhos se agregando em uniões pelo casamento, com o nascimento dos seus filhos, com a chegada de outros grupos familiares que compõem as amizades e, assim, seguem suas vidas, suas preocupações, diferentes das nossas. Mesmo assim, se mantêm os vínculos da afetividade que nos une.

Nossa conduta no lar, durante os vários anos nos quais tivemos os filhos ao nosso lado, vai refletir na fase adulta de todos eles, quando saírem de casa para viverem suas próprias experiências. Eles farão suas escolhas, terão seus sonhos e projetos de vida.

A liberdade de pensar, de fazer suas opções sem nossa interferência os fará mais capazes e responsáveis e podemos ficar tranquilos quanto à preservação do amor e do respeito mútuo porque eles se sentirão muito mais felizes seguindo suas vidas com suas escolhas, mesmo que falhem seus planos ou encontrem obstáculos.

Esse posicionamento é diverso do que acontece quando eles nos procuram para ouvir nossa opinião ou um conselho sobre determinado assunto, ou simplesmente desabafar, falar de seus problemas, motivados pela confiança em nós.

Se nos mantivermos isentos de preconceitos ou ideias perturbadoras da paz, como o ciúme, a insatisfação pela ausência de alguns familiares, sem participar de determinados acontecimentos ou viagens, tudo será mais tranquilo, e nosso mundo íntimo manterá a paz e o equilíbrio, buscando alternativas de vida ao lado de amigos, de pessoas que se identifiquem conosco para um relacionamento saudável.

Quando há respeito e amor na família, não há o que temer porque haverá sempre a união estabelecida pela afinidade espiritual e todos poderão manter um convívio fraterno e feliz. Priorizamos a gentileza no trato com os familiares, expressando gestos de atenção, solicitude e nos colocando isentos de quaisquer pensamentos negativos que não se coadunem com os nobres sentimentos que todos devemos nutrir quando realmente amamos.

Leciona Joanna de Ângelis:

> Todo relacionamento exige reciprocidade para ser exitoso, a fim de ensejar bem-estar, intercâmbio de vibrações harmônicas, alegria de viver. Os primeiros relacionamentos têm lugar no regaço materno, quando se manifestam as primeiras expressões da afetividade do adulto em relação à criança. É nessa fase que se desenvolvem as sementes do amor divino adormecidas no cerne do ser, aguardando o adubo da ternura, o calor do amparo, a chuva das carícias, os cuidados vigilantes da preservação da vida... À medida que se desenvolvem os laços da família em relação à criança, expande-se-lhe o campo de relacionamento, ensejando-lhe melhor

entendimento em torno da vida, que é feita de fatores conjugados em reciprocidade de contribuição, graças a qual é possível o prosseguimento existencial. [...] Ama, portanto, e relaciona-te com tudo e com todos, sem receio, oferecendo o que possuas de melhor, dessa maneira fruindo de paz e nunca te sentindo a sós... (FRANCO, 2007, cap. *Relacionamentos*).

Planejamento familiar e abortamento na visão espírita

Considerando que a formação da família tem um planejamento espiritual, há alguma interferência na programação feita durante o processo reencarnatório quando o casal determina o número de filhos que deseja?

Sendo a Doutrina Espírita, essencialmente, libertadora e progressista no sentido de acatar o desenvolvimento da inteligência humana e o avanço científico, desde que não colida com a Lei divina, entendemos que os meios naturais usados para planejar e programar o nascimento dos filhos são uma conquista do ser humano e evitam males maiores tanto no aspecto moral quanto no social.

De maneira alguma poderíamos interferir na programação espiritual e, muitas vezes, encontramos exemplos de que, mesmo tentando planejar e estipular a limitação do número de nascimentos no lar, eles acontecem à revelia do homem.

No mundo moderno, não há condições para muitos casais terem um número maior de filhos. Vários fatores poderão ser analisados tanto nas famílias mais pobres quanto nas de maior poder aquisitivo.

É importante que os meios para um planejamento familiar sejam utilizados por todos, independentemente de sua condição social, para que haja equilíbrio em todas as famílias e liberdade de escolha, desde que os métodos empregados não sejam ilegais.

A família deve ser programada para que se constitua, se multiplique com equilíbrio, mantendo um relacionamento harmonioso, e vivencie com amor e respeito essa experiência. Uma atitude egoística seria a do casal que decide, anteriormente, não ter filhos.

Todavia, utilizar métodos que ajudem a programar os filhos que serão recebidos com amor e manter a família unida dentro dos recursos de que disponham para uma vida saudável não é atitude condenável. O desenvolvimento da inteligência e os meios que a ciência oferece a todos para debelar enfermidades e prevenir doenças têm contribuído para a longevidade humana e facultado ao homem uma vida mais confortável.

O planejamento familiar, na visão espírita, é uma opção, uma escolha que o casal deverá fazer com critério e bom senso, evitando que o egoísmo perturbe suas decisões e busque facilidades que contrariem o objetivo sagrado do casamento. Não constitui fuga aos compromissos espirituais assumidos, mas uma compreensão maior da responsabilidade do casal perante a vida, que deve entender que vai arcar com toda a responsabilidade perante si mesmo e para com os outros.

Agir conscientemente, usando de todas as prerrogativas que possa na avaliação moral de sua decisão, não é uma posição unilateral, mas uma necessidade do casal.

Leciona Joanna de Ângelis que:

> A família é o grupo social onde o Espírito se aprimora, aprofundando a sensibilidade do amor, lapidando as arestas das imperfeições, depurando-se das sujidades morais, limando as anfractuosidades dos sentimentos e

condutas; que merece carinho, mas constitui campo de desenvolvimento e de conquistas, nunca prisão ou fronteira delimitadora e impeditiva dos grandes saltos na direção do triunfo sobre o Si (FRANCO, 2000, cap. *Cruzes*).

Assim, decidir com liberdade, sem imposições ou inibições, é uma conduta sadia e de forma alguma infringe a Lei divina porque constitui uma conquista que segue o curso natural do progresso humano.

É uma condição do ser humano ser livre em sua escolha, almejando a felicidade, sem descambar para os abusos e a utilização de meios ilícitos e incoerentes com seu progresso moral.

Porque os espíritas já conhecem as leis morais, fundamentadas no Evangelho de Jesus, saberão fazer suas escolhas. Alguns espíritas argumentam que existe um fatalismo no processo reencarnatório — "o casamento e o número de filhos são programados no mundo espiritual...". Defendem a ideia de que se deve seguir a lei da natureza, deixando que tudo aconteça sem regras ou limitações escolhidas pelo casal com um planejamento do número de filhos que vai ter.

Melhor planejar do que, consumada a gravidez, buscar alternativas que constituem dolorosos procedimentos, atitudes covardes que eliminam a vida fetal, denegrindo a alma dos que realizam tão nefasto crime.

Por inúmeras razões, o abortamento é condenado pela Doutrina Espírita, e os argumentos se multiplicam contra esse procedimento que lesa a alma de quem o pratica e elimina a vida de um ser indefeso, contrariando e anulando todo o planejamento espiritual que investiu muito no encaminhamento do Espírito reencarnante cuja destinação já estava prevista no processo reencarnatório como ensejo de progresso, resgate e aprimoramento dos envolvidos naquela família.

Seguindo as elucidações de *O livro dos espíritos*, vamos enumerar alguns fatores que nos levam a considerar o aborto um crime de graves consequências físicas e espirituais:

¶ Ninguém tem o direito de atentar contra a vida do seu semelhante, nem de fazer o que quer que possa comprometer-lhe a existência corporal (Cap. XI, q. 880).

¶ Pela reencarnação, a Justiça divina concede aos Espíritos realizar, em novas existências, o que não puderam fazer ou concluir numa primeira prova (Cap. IV, q. 171).

¶ A união começa na concepção, mas só se completa no nascimento. Desde o instante da concepção, o Espírito designado para habitar certo corpo a este se liga por um laço fluídico [...] (Cap. VII, q. 344).

¶ Há crime toda vez que transgredis a Lei de Deus. Uma mãe ou qualquer outra pessoa cometerá crime sempre que tirar a vida de uma criança antes do nascimento, pois está impedindo uma alma de suportar as provas de que serviria de instrumento o corpo que estava se formando (Cap. VII, q. 358).

¶ Eles melhoram nessas provas, evitando o mal e praticando o bem (Cap. IV, q. 196).

¶ O aborto não se justifica nem mesmo na gestação ocasionada por estupro. Espiritualmente, o reencarnante é filho de Deus e não do estuprador, que apenas contribuiu para a formação de seu corpo físico. É inocente da ação agressora. O corpo procede do corpo, mas o Espírito não procede do Espírito. (KARDEC, 2007, cap. IV, q. 207).

São imensos os prejuízos físicos e psíquicos que o abortamento provoca na gestante e, quando delituoso, é inevitável que ela sofra as sequelas espirituais decorrentes de seu gesto:

¶ Lesões no perispírito, na região correspondente ao centro genésico;

¶ Imantação do Espírito ao seu perispírito, causando angústia, profunda mágoa e desejo de revide àquela que não o deixou viver;

¶ Afastamento de um Espírito bom e amigo que viria como filho para protegê-la ou, ainda, alguém que buscava uma oportunidade de reconciliação ou ajuda para correção de erros cometidos;

¶ Impedimento de aceitar como filho alguém que amou em outra existência, a quem dedicou grande afeto, e que retornaria para juntos vencerem obstáculos e dificuldades terrenas.

Não devemos julgar as pessoas que cometeram o abortamento e, arrependidas, buscam ajuda ou algo que as motive a viver sem o peso da amargura e do arrependimento. Devemos acolhê-las com amor e carinho, oferecer oportunidades para que consigam, ainda nesta vida, atenuar a falta, favorecendo a vida de outras crianças, e ajudá-las em todos os sentidos, trabalhando no bem para, com amor e caridade para com os outros, irem, pouco a pouco, amenizando a dor do remorso que lesa sua alma.

Às jovens inexperientes que se deixam levar pelas ilusões da vida, entregando-se às paixões dissolventes do sexo sem responsabilidade, aconselhar e dar oportunidades de repelir esse gesto criminoso que somente agravaria a situação em que se encontram, encaminhando-as aos centros de ajuda e proteção às gestantes e ensinando-lhes o caminho da recuperação moral.

Para todos nós, espíritas que buscamos a consciência da responsabilidade e da coragem no enfrentamento dos problemas vivenciais, estabelecemos níveis éticos para uma conduta sadia e o autoenfrentamento sem justificativas que abonem erros ou desajustes. Portanto, o aborto é considerado um crime nefasto de consequências físicas, morais e espirituais.

> A ética espírita para a felicidade encontra-se estatuída nas lições incomparáveis do amor que, sem relutância, é o instrumento mais eficaz para a conquista do universo de si mesmo, em razão da harmonia interna que proporciona e da alegria perene de viver no corpo e fora dele, sempre, porém, na vida, já que se é imortal (FRANCO, 2009, cap. 29).

Casamento e afetividade: desajustes conjugais e separações

A ORGANIZAÇÃO DA família foi uma conquista do ser humano que, anteriormente, vivia de relacionamentos esporádicos sem qualquer elo afetivo e sem as leis sociais que regulam o comportamento humano.

As uniões pelo matrimônio têm características diversas segundo as tradições culturais e religiosas de cada povo.

Sendo a família a base da sociedade, sua decadência afeta a estabilidade social. Por isso, há uma preocupação, na maioria dos países, em preservar os valores morais e os direitos inerentes ao grupo familiar.

Na visão espírita, a família não é apenas uma instituição social e passa a ser considerada sob o aspecto espiritual como uma união de Espíritos com objetivos definidos no plano espiritual, visando ao aprimoramento moral.

Não existem casamentos perfeitos, consolidados essencialmente no amor e na afinidade espiritual para todos os seres, mas podemos dizer que as leis vigentes na atualidade demonstram o quanto já progrediu a sociedade na formação e organização da família.

Ainda existem expressões primárias no comportamento humano gerando traições, adultérios, desrespeito aos compromissos assumidos espontaneamente na união conjugal, e um dos parceiros sofre as injunções humilhantes do abandono e da desilusão amorosa.

Muitos argumentos têm sido usados para que os laços matrimoniais se perpetuem mesmo depois de graves delitos de um dos parceiros, ou de ambos, que já não mantêm o elo afetivo, o respeito e dão contínuos exemplos de atitudes imorais dentro e fora do lar. Entretanto, nem mesmo as religiões conseguiram reverter os problemas decorrentes das uniões indissolúveis.

> Somente a lei de amor é portadora dos valores que preservam o matrimônio, porque se radica no sentimento elevado de respeito e de dever que devem manter os cônjuges, direcionando as suas aspirações para o equilíbrio e a felicidade. A fim de que os indivíduos consigam o êxito no consórcio matrimonial, que decorre da afinidade e compreensão de ambos os cônjuges através do amor, torna-se indispensável que os conteúdos psicológicos de cada qual se encontrem em harmonia, sincronizando-se o animus da mulher com a sua feminilidade e a anima do homem com a sua masculinidade, sem que haja predominância arbitrária de qualquer um deles, o que sempre conduz ao desequilíbrio emocional, se assim não ocorre, dando lugar a comportamentos agressivos de sensualidade ou de desvio de conduta (FRANCO, 2000, cap. *Matrimônio e amor*).

Considerando imutável somente a Lei divina, as leis humanas são diferenciadas em cada povo segundo suas tradições religiosas e culturais e podem ser alteradas visando à preservação da família e da sociedade.

Com esse pensamento, ainda no século XIX, a Doutrina Espírita já apresentava, na codificação de seus princípios, uma visão moderna e caridosa, visando à regularização do casamento e dos cônjuges quando o amor deixasse de existir e a união já estivesse comprometida por diversas razões.

No capítulo XII de *O evangelho segundo o espiritismo*, encontramos comentários de Allan Kardec com a afirmativa inicial de que "imutável só há o que vem de Deus". Ele apresenta definições em torno das leis civis criadas pelos homens que se modificam de acordo com a época, a civilização, os costumes de cada povo e discorre sobre a Lei divina, que é inerente às uniões estabelecidas por amor, sendo estas permanentes e imutáveis.

As leis civis que regulam as uniões em todos os tempos mudam com a evolução de cada povo, são diferentes em cada país, todavia, necessárias para regulamentar os relacionamentos humanos.

Segundo o pensamento de Allan Kardec, as uniões legítimas são as que se estabelecem por amor:

> Nem a lei civil, porém, nem os compromissos que ela faz se contraiam podem suprir a lei do amor, se esta não preside a união [...]. Daí as uniões infelizes, que acabam tornando-se criminosas, dupla desgraça que se evitaria se, ao estabelecerem-se as condições do matrimônio, se não abstraísse da única que o sanciona aos olhos de Deus: a lei do amor (KARDEC, 2004, cap. XXII, it. 3).

Assim, ainda seguindo as diretrizes da Doutrina Espírita, podemos dizer que é mais humano, caridoso e moral dar aos cônjuges o direito à liberdade de escolha e possibilitar um novo recomeço, considerando que o casamento não tenha mais nenhuma possibilidade de êxito ou de harmonização.

A lei civil brasileira já confere esse direito, e o essencial é saber usá-la com discernimento e por motivos realmente sérios, no que é irremediável, sem se deixar levar por atitudes impensadas e levianas que destroem as uniões que poderiam ser mantidas ou refeitas com soluções ideais, preservando a família e evitando danos morais.

Deus não nos impõe nenhum sofrimento acima de nossa capacidade moral de vencê-lo, por isso não podemos estabelecer regras de comportamento radicais, contrariando a lei de liberdade que nos é concedida e ditada pela consciência ética de cada ser.

Corroborando essas assertivas, encontramos o pensamento de Joanna de Ângelis, que esclarece:

> Felizmente o divórcio veio terminar com a incômoda situação das uniões infelizes, facultando a transformação do tipo de relacionamento conjugal em outras expressões de amizade e de consideração de um pelo outro parceiro, que as circunstâncias conduziram à mudança de compromisso, especialmente quando existem filhos, que não podem ser relegados à orfandade de pais vivos por desinteligência dos mesmos. Somente a lei de amor é portadora dos valores que preservam o matrimônio, porque se radica no sentimento elevado de respeito e de dever que devem manter os cônjuges, direcionando as suas aspirações para o equilíbrio e a felicidade (FRANCO, 2000, cap. *Matrimônio e amor*).

O casamento é um compromisso que deve ser tratado com seriedade e equilíbrio, e os participantes dessa união deverão manter no lar atitudes de respeito, cordialidade, sinceridade, evitando os conflitos que decorrem da infidelidade, do abuso e da prepotência de um dos parceiros, o que gera insegurança e infelicidade ao grupo familiar.

Em nosso estágio evolutivo, os casamentos, em sua maioria, ainda são resultantes de compromissos assumidos no plano espiritual, e o grupo familiar é organizado visando à educação dos sentimentos, ao reencontro de almas comprometidas que falharam em outras uniões e se comprometem a receber os filhos e a parentela que necessite de maiores cuidados na busca de novos resultados, por meio do amor, da renúncia e do perdão.

Emmanuel nos orienta sobre esse assunto quando esclarece que:

> O matrimônio na Terra é sempre uma resultante de determinadas resoluções, tomadas na vida do Infinito, antes da reencarnação dos Espíritos, seja por orientação dos mentores mais elevados, quando a entidade não possui a indispensável educação para manejar as suas próprias faculdades, ou em consequência de compromissos livremente assumidos pelas almas, antes de suas novas experiências no mundo; razão pela qual os consórcios humanos previstos na existência dos indivíduos, no quadro escuro das provas expiatórias, ou acervo de valores das missões que regeneram e santificam (XAVIER, 2013, cap. *Afeição*, q. 179).

Não é tão difícil analisar as famílias modernas e verificar suas tendências, suas características, o grau de moralidade e harmonia com que enfrentam os problemas vivenciais.

Infelizmente, os casamentos ainda sofrem a influência de certos modismos com uma excessiva preocupação do grupo familiar em manter atitudes, aparentemente equilibradas e felizes, que não coadunam com a realidade de sua vida, preocupado com a observação ou análise do grupo social no qual está inserido.

Os comportamentos são superficiais e as conquistas morais, relegadas a um segundo plano. Uma visão materialista, mesmo entre aqueles que se dizem cristãos, domina a estrutura familiar excessivamente preocupada com conquistas intelectuais, projeção social e enriquecimento, ainda que, para isso, sejam abandonados os princípios básicos da moral e da ética.

Deixando-se levar por sentimentos que não coadunam com suas necessidades espirituais, sofrem a angústia, o tédio, a insatisfação e perdem o sentido existencial — motivados tão somente pelas conquistas materiais.

Somente a espiritualidade poderia amenizar os sentimentos que assaltam aqueles que se distanciam de sua origem divina, como seres imortais, filhos de Deus, criados para amar e crescer moral e intelectualmente, buscar uma compreensão maior da vida em sua amplitude espiritual e compreender a transitoriedade da matéria que os induzem a procedimentos que os infelicitam.

No contexto familiar, devem-se observar com coragem e destemor os compromissos e deveres, evitando, sempre que possível, as separações cujos motivos poderão ser resolvidos com humildade e compreensão. E se não houver condições de manter o vínculo matrimonial, solucionar os problemas com equilíbrio, bom senso e respeito mútuo, preservando a fraternidade, a dignidade e a civilidade para amenizar o sofrimento que a ruptura trará ao grupo familiar.

Se observarmos as causas de muitas separações, encontraremos, em sua maioria, motivos não condizentes com as uniões que se estabeleceram pelos laços do amor. Há, ainda, muita precipitação dos que buscam a separação como solução dos problemas que os afligem e, tardiamente, reconhecem que foram agravadas as dificuldades e as dores morais decorrentes do abandono do lar. Entenderão, após demoradas reflexões, que os conflitos vão persistir, roubando-lhes a paz e a alegria de viver.

Camilo, com sabedoria, através da psicografia de Raul Teixeira, nos fala do *impacto das diferenças* como fomentador das separações conjugais. Ele comenta que essas diferenças poderão ser de níveis sociais, intelectuais, econômicos, morais e espirituais. Graças a essas diferenças, surgem as cobranças, as críticas, as decepções, os desenganos, as desilusões amorosas que abalam o alicerce do lar quando os casais emocionalmente imaturos não conseguem superar as dificuldades iniciais do relacionamento e se entregam ao desânimo, às discussões estéreis, às brigas por divergência em diversos níveis, o que degenera em atos agressivos e prepotentes.

Muitos não conseguem superar essas diferenças porque a condição moral ou a visão existencial diferem amplamente ou são motivos de maiores incompreensões que relegam os sentimentos de amor e generosidade a expressões diminutas, buscando soluções egoísticas para romper os laços matrimoniais.

Entretanto, quando um dos parceiros é mais espiritualizado e consegue amainar as crises dessas diferenças que surgem nos primeiros tempos de união, o casamento poderá prosseguir, o que dependerá de muita renúncia e abnegação até que se consiga, pelo exemplo e por gestos de amor, sanar as dificuldades maiores e manter a união estável.

Vejamos o que nos diz o abnegado mentor Camilo:

> Contudo, é no campo moral espiritual que se estabelecem os contatos de luz ou de sombra na relação esponsalícia. É nesse nível que os estilos de vida

individuais fazem a diferença. É a partir dessa dimensão que se mostram os vínculos espirituais dos parceiros conjugais. São as atitudes perante a vida, os vícios e as virtudes, as posições dignificantes e as indignas, as expressões de ternura, de dedicação e as de frieza ou indiferença, que moldam a esfera psíquica do lar, alimentada pelas emissões fluídicas de seus componentes, a eles retornando reforçadas pela envolvência, pelo encharcamento das entidades espirituais que se associam às lidas da família (TEIXEIRA, 2012, cap. Separações conjugais, parte V, it. "O impacto das diferenças").

Certamente, essas diferenças que interferem continuamente na vida de relação em variados níveis de informações, ideias e pensamentos que se refletirão nos atos diários e nos comportamentos dos casais, segundo seu grau de moralidade e sintonia espiritual, vão motivar as separações ou consolidar os liames da união conjugal.

Sexualidade e maturidade emocional

Nos DIAS ATUAIS, o sexo é vulgarizado pelas exibições da TV e na mídia de um modo geral, incitando procedimentos alienados que, muitas vezes, levam a comportamentos violentos e instintivos, passageiros e fugazes, e deixam no ser o vazio existencial.

Sexo sem afetividade e responsabilidade gera tormentos na alma e conflitos perturbadores.

A libido atormentada veiculada pela mídia, exposta em revistas e livros de baixo nível, é portadora de distúrbios emocionais, principalmente para os jovens que, prematuramente, assumem atitudes irresponsáveis e se entorpecem de fluidos deletérios que causam danos a seu psiquismo.

Por outro lado, a insegurança gerada pelos que temem associar o sentimento amoroso ao ato sexual leva o indivíduo a evitar aqueles que o poderiam conduzir pelos caminhos da sexualidade equilibrada sem a insatisfação do instinto mal conduzido.

As variações de comportamentos são decorrentes de fatores culturais, ambientais, religiosos e sociais.

Não é tão simples analisar os problemas advindos da sexualidade sem a compreensão espiritual do ser, de suas carências e conquistas morais.

Uma leitura atual dos fatos comportamentais de indivíduos desprovidos de maturidade no enfrentamento de problemas na área da sexualidade não fornecerá uma visão completa de suas necessidades reais porque, na maioria das vezes, elas decorrem de vidas pregressas.

Somente o amor, em sua grandeza e capacidade de vencer os obstáculos à realização pessoal, dará condições para uma compreensão mais ampla e orientações que levem a solucionar as questões da sexualidade, objetivando a plenitude do ser humano.

Joanna de Ângelis nos leciona:

> Quando o amor domina as paisagens do coração, mesmo existindo quaisquer dificuldades de ordem sexual, faz-se possível superá-las, mediante a transformação dos desejos e frustrações em solidariedade, em arte, em construção do bem, que visam ao progresso das pessoas, assim como da comunidade, formando-se, portanto, irrelevantes tais questões (FRANCO, 1998, cap. 1, it. "Sexo e amor").

No âmbito familiar, o amor entre pais e filhos, irmãos e amigos, encontra-se aliado ao prazer da convivência, do bem-estar, de gostar da presença do outro, engrandecido pelo sentimento sublimado que não atormenta nem exige, enriquecendo a existência de ternura, paz e coragem no enfrentamento dos desafios existenciais.

A maturidade emocional responde por atitudes legítimas de uma sexualidade equilibrada apoiada no amor e na compreensão das necessidades do outro, advindo desse posicionamento as relações saudáveis em uniões estáveis e duradouras.

> Por isso, quando o egoísmo derruba os vínculos do matrimônio por necessidades sexuais de variação, ou porque houve um processo de saturação no relacionamento, havendo filhos, gera-se um grave problema para o grupo social, não menor do que em relação a si mesmo, assim como àquele que fica rejeitado (FRANCO, 1998, cap. 1, it. "Casamento e companheirismo").

Infelizmente, há os que confundem o sentimento de amor e respeito que deve viger entre os casais com a paixão inicial que os levou a se unirem e, sem a grandeza dos sentimentos nobres e emoções profundas, buscam outras sensações, criando dificuldades e sofrimentos ao grupo familiar.

O ideal será sempre manter a amizade, a afetividade que fará com que a união ainda perdure sem comprometimento mais grave com relação aos filhos e outras perdas.

A imaturidade emocional responde, na maioria das vezes, pela infidelidade, pela falta de respeito ao direito do outro, pelas fugas e busca do prazer sem vinculação afetiva, com graves lesões na alma.

Joanna nos orienta que:

> O ser amadurecido psicologicamente procura a emoção do matrimônio, sobretudo para preservar-se, para plenificar-se, para sentir membro integrante do grupo social, com o qual contribui em favor do progresso. A sua decisão reflete-se na harmonia da sociedade que dele depende, tanto quanto ele se lhe sente necessário (FRANCO, 1998, cap. 1, it. "Casamento e companheirismo").

Uma relação duradoura somente existe quando há respeito, gentileza, carinho, compreensão e os cônjuges conseguem manter o equilíbrio como pessoas adultas e emocionalmente educadas, capazes de superar suas dificuldades sem transferir para o parceiro a culpa de suas angústias, suas carências, seus desencantos, como se toda a infelicidade e insucesso que venha a sofrer fossem causados por ele.

Mesmo quando há divergências ou esfriamento dos sentimentos que os levaram a se unir e construir uma família, devem-se procurar soluções que atenuem a crise conjugal sem atitudes precipitadas ou agressões indevidas.

Camilo, através da psicografia do Prof. J. Raul Teixeira, nos leciona que:

> O ensino de Jesus sobre dar a outra face aplica-se grandemente para a vivência do par, no íntimo doméstico. A mensagem do Mestre Nazareno

nos leva a admitir que, se alguém nos agredir de fora para dentro, vale a pena mostrar os valores morais que já nos exornam o âmago do ser, o que somos de dentro para fora, o lado melhor, o da tolerância, o da compreensão, o do perdão, a outra face, enfim (TEIXEIRA, 2012, parte III, cap. *O casamento na Terra*, it. 37).

O nobre benfeitor espiritual faz outras considerações sobre a estabilidade da união duradoura, enfocando os gestos de gentileza, a educação de se falar com equilíbrio e voz baixa, atitudes simples como pedir "por favor", "com licença", lembrar datas que representem algo para os dois, cumprimentar pelo sucesso profissional, fazer gestos carinhosos de ofertar uma flor, presentear no aniversário etc.

Essas atitudes, embora simples, mantêm a harmonia entre os integrantes da família e reafirmam o desejo de prosseguirem juntos, de que são felizes na organização do lar, mesmo enfrentando as lutas comuns e as dores que todos têm, afastando as nuvens da incompreensão e da indiferença com que tantas vezes muitos agem, movidos pelo egoísmo e pelo orgulho.

Somente a maturidade emocional do ser permitirá um relacionamento saudável no qual a sexualidade se expressa harmoniosamente, aliada ao amor sempre rico em carinhos e bênçãos, que se amplia na mesma medida em que se dá ao outro a segurança, o afeto, permutando sentimentos e vibrações sinceras.

Joanna de Ângelis exalta, em inúmeras mensagens e livros, a excelência do amor que, "saindo do instinto, que é todo posse, matriz do egoísmo perturbador" (FRANCO, 2005, cap. 8), transcende como um sentimento que cresce na mesma proporção em que somos generosos e benevolentes para com o outro.

Somente o amor nos libertará das injunções do apego excessivo e do desejo de posse com relação aos familiares, facilitando um relacionamento amoroso equilibrado que engrandece a vida em sua plenitude, levando o ser a um comportamento moral que enseja saúde e paz.

Finalizamos com o pensamento de Joanna de Ângelis para nossa reflexão mais demorada:

> O relacionamento feliz não é aquele no qual necessariamente existe intercâmbio de natureza sexual. Embora esse impositivo ocorra amiúde e auxilie na plenificação dos sentimentos, tem um caráter relativo, nunca absoluto entre os indivíduos. O verdadeiro amor é amplo e generoso, jamais se tornando mesquinho e exigente, como se fora constituído de paixão asselvajada. Quando alguém segue em frente, não deixa atrás quem o ama, que também deve avançar. Somente amplia o laço de afetividade que ora distende-se ao infinito. [...] O amor irradia paz e sempre gera satisfação física, emocional e psíquica (FRANCO, 2005, cap. 23).

Viver e amar

O amor é a causa da vida. Viver e amar são, portanto, termos idênticos da equação existencial. Gerada pelo amor de Deus, a vida avança graças às conquistas que o amor em toda a sua plenitude propicia. Quando o amor a comanda, esta alcança o finalismo a que se destina (FRANCO, 2010, Apresentação: "Viver e amar").

Está ínsita em todos nós a essência do amor divino e somente quando compreendemos a grandeza de sermos filhos de Deus, herdeiros, portanto, de tudo o que existe, aprendemos a discernir os limites de nossa posição na Terra, delineando o caminho da paz e do crescimento espiritual.

Joanna, no livro *Viver e amar*, fala-nos, com a sabedoria de sempre, que o amor é a alma da vida que nos coloca diante da sublime filiação com o Pai criador! Propõe soluções e aponta caminhos para todos nós, amparados nesse amor que se espraia em toda a criação e que oferece ao ser humano a possibilidade de ser feliz, amando e compreendendo que somente por meio desse sentimento conquistará a liberdade sufocada pelos instintos e pelos atavismos inferiores que retardam a evolução.

Quando amamos realmente, com nobreza e transparência, expressando o que temos de melhor dentro de nós, vamos saindo das cadeias mentais erguidas pelos instintos por meio das sensações e caminhamos para a educação dos sentimentos, equilibrando as emoções, liberando a luz que todos temos como herança divina. A partir dessa conquista, pelo amor, manteremos a serenidade íntima capaz de elevar nossas aspirações, sintonizando-nos com almas afins que também buscam o aprimoramento moral a partir dos valores imperecíveis da vida.

Vivenciando o amor em todos os momentos que esteve na Terra, Jesus legou aos homens de boa vontade um roteiro de luz que concede segurança e paz na busca do progresso espiritual, vencendo as lutas do caminho.

Em momentos de sofrimento e desalento, quando a alma parece sucumbir sob o peso das injunções dolorosas, somente o amor conforta a alma e coloca o ser humano em condições de orar na busca do amparo de que necessita para vencer o peso da inquietação e do desalento.

Nas horas de perturbações e desconforto moral, quando a calúnia e o desagravo tentam destruir os valores que conquistamos com sacrifício e lutas edificantes, somente o amor erguerá nossa alma acima da incompreensão humana, despertando-nos para a necessidade do perdão e da tolerância diante dos que nos acusam.

O amor é, portanto, a solução para todos os males que nos afligem na trajetória terrestre.

Antevendo as dificuldades e o sofrimento moral, na linha do progresso moral a que estava destinada a humanidade terrestre, Jesus edificou sua doutrina sobre os alicerces do amor, deixando-nos um legado inigualável que orienta, conforta, direciona o pensamento, elevando-nos acima dos acontecimentos nefastos e das lutas materiais, ensejando-nos a conquista da paz.

Não existe outro meio de conquistar o Reino dos Céus, tão amplamente divulgado no Evangelho, senão vencendo nossas imperfeições morais, iluminando nossas consciências com a luz do amor, da verdade que se expressa na vida em exuberância dos que realmente vivenciam os ensinamentos cristãos.

Como sentir amor e compaixão quando tudo em torno de nós parece adverso, sem esperança e nos incita ao revide, à indiferença ao sofrimento alheio, ao egoísmo na utilização apenas dos bens materiais?

Há um caminho: a mudança de nossos hábitos já condicionados a viver tão somente valorizando a vida em seu aspecto transitório, perecível, em detrimento dos valores reais do Espírito imortal. A começar por nós mesmos, amando-nos, respeitando nossa filiação divina, tendo gratidão e retificando as diretrizes contrárias à prática do amor.

Diante dos conflitos e desavenças familiares, muitos se perdem em indagações, aguardando respostas da vida que os faça entender por que tantas dificuldades com aqueles que amam, aos quais dedicaram anos de trabalho e renúncia para que fossem criados e educados para uma existência segura e sem carências.

Sofremos muito mais quando a ofensa, o desentendimento, a agressão partem de alguém a quem amamos. Talvez os suportássemos com maior serenidade quando nos são dirigidos por alguém que não comunga dos mesmos ideais, dos mesmos interesses.

Em *O evangelho segundo o espiritismo*, esclarecendo alguns itens sobre esse assunto, Santo Agostinho ressalta que os laços da consanguinidade não criam os da afetividade e que a afinidade espiritual resulta da identidade dos ideais, dos interesses e do posicionamento dos Espíritos na escala evolutiva.

Isso nos leva a refletir sobre a desigualdade existente no seio da família com relação aos que recebemos como filhos ou companheiros de jornada terrena, implicando diversidade e relacionamentos nem sempre homogêneos.

Considerando que *família* é um termo diferente de *parentela*, poderemos dizer que a família é muito mais restrita a alguns que se afinizam, amam e detêm os mesmos gostos, os mesmos sentimentos, mantendo a fraternidade e o amor, enquanto a parentela diz respeito à consanguinidade ou ao estar integrado no mesmo lar, seja na condição de filho, nora, genro, esposo ou esposa, sobrinho ou outros participantes que vivam sob o mesmo teto, constituindo o grupo familiar.

Mesmo com estes, que não estejam unidos pelo sentimento recíproco do amor, da fraternidade, cujos laços são mais fortes porque remontam à vida espiritual de onde procederam, devemos cuidar para que o amor supere todas as dificuldades de relacionamento e possamos vencer os entraves ao crescimento de cada um deles. Assim cumprirmos o dever que nos cabe.

No exercício constante do amor, paulatinamente, vamos aprendendo a respeitar a vida, o próximo e o Pai criador — que nos legou a oportunidade do crescimento espiritual no suceder das vidas que se entrelaçam harmoniosamente.

> Uma palavra bondosa, a mão estendida e a dedicação pessoal, em termos de tempo e de esforço, são o resultado natural do amor por si próprio [...]. E quando damos amor, ele volta para nós e torna nossa vida feliz e significativa. A compaixão, por si mesma e pelos demais, requer prática: exercitando-a, ficamos mais sábios e mais realizados (CAMPBELL, 2004, cap. 9).

Vivenciando o amor, conseguiremos realizar o bem e silenciar diante da ofensa e da agressividade.

Elegendo o amor como a diretriz de nossos atos, o mal que nos desejam não nos atinge porque estaremos resguardados pelas vibrações superiores.

Exercitando o amor em nossa vida diária, aprenderemos a usar a gentileza e o sorriso como armas que nos defenderão da ironia e do descaso.

Compreendendo o amor em sua plenitude, afastaremos de nosso mundo íntimo as paixões perturbadoras, o ciúme e o egoísmo.

Estimado leitor, sentindo o amor florescer em seu mundo íntimo, você conquistará a paz, o respeito ao direito do outro de ser feliz como lhe aprouver, recebendo dos corações alheios, na mesma intensidade com que amas, a resposta aos seus anseios de felicidade real e imorredoura.

Cabe a cada um de nós vivenciar intensamente as lições do Evangelho de Jesus, refletir e buscar o autoconhecimento, exercitar o perdão e a benevolência, intensificando o trabalho no bem.

Estaremos, assim, edificando as bases de nosso progresso espiritual.

Sair a semear

Narra-nos o *Evangelho de Mateus* (13:3) que:

> Naquele mesmo dia, tendo saído de casa, Jesus sentou-se à borda do mar; em torno dele logo se reuniu grande multidão de gente; pelo que entrou numa barca, onde se sentou, permanecendo na margem todo o povo. Disse então muitas parábolas, falando-lhes assim: Aquele que semeia saiu a semear...

E discorre Jesus em sua narrativa que, em diferentes locais, as sementes foram semeadas, dando resultados coerentes com o terreno onde caíam. Umas se perderam, crestadas pelo calor excessivo ou sufocadas pelo peso dos espinheiros que não as deixavam ascender na busca da luminosidade essencial ao seu desenvolvimento. Poucas conseguiram germinar a contento. Mas algumas caíram em boa terra e frutificaram.

Em *O evangelho segundo o espiritismo*, de forma concisa, Allan Kardec compara essa parábola com as diferentes maneiras como utilizamos os ensinamentos de Jesus, seja na divulgação doutrinária, seja como os assimilamos e colocamos em prática em nossa vida diária. E faz alusão às diversas categorias de espíritas que buscam apenas a satisfação de suas necessidades, apegando-se uns aos fenômenos, outros às mensagens consoladoras e às prédicas brilhantes de expositores e, ainda, aqueles que, ouvindo e se emocionando com as lindas preleções ou páginas dos benfeitores espirituais, as consideram sempre de grande valia para os outros sem, contudo, deixar que germinem primeiro em seus corações.

Felizmente, inúmeros outros acatam as instruções que chegam por meio dos ensinamentos espíritas, reavivando as exortações de Jesus. Nestes, as sementes, caindo em boa terra, germinam e dão bons frutos (KARDEC, 2004, cap. XVII, it. 6).

Em sua sabedoria, Jesus vai colocando as palavras de uma forma precisa, induzindo-nos a refletir sobre seu significado real e levando-nos a reflexões e autoanálise como forma de procurarmos melhorar o nosso modo de ser e agir perante os deveres assumidos como servidores e divulgadores de seu Evangelho.

Saindo a semear, cada um de nós é responsável pela semeadura, pelo preparo do solo, pelos cuidados constantes e pela colheita futura.

Não poderemos relegar a terceiros nosso dever, nem postergar o compromisso, adiando-o ou relegando-o ao abandono.

Em se tratando do solo do espírito daqueles que nos ouvem ou leem, esse contributo deve ser espontâneo e transparente como a linfa pura que brota da pedra e desliza suavemente pelo caminho que percorre, refrigerando os que, sedentos, buscam sua fonte. É preciso transmitir aos que caminham conosco e estão mais próximos de nós o que já floresceu em nossos corações, saindo de nós mesmos, a fim de levar a ajuda da palavra que conforta e beneficia, para depois levarmos a luz da esperança aos mais distantes, motivando-os a prosseguir em paz, confiantes em seu futuro espiritual.

Emmanuel nos fala que:

> Aprendendo a ciência de nos retirarmos da escura cadeia do "eu", excursionaremos através do grande continente denominado interesse geral. E, na infinita extensão dele, encontraremos a "terra das almas", sufocada por espinheiros, ralada de pobreza, revestida de pedras ou intoxicada de pântanos, oferecendo-nos a divina oportunidade de agir em benefício de todos (XAVIER, 2010, cap. 64).

É nosso dever não permitir que o desânimo e o desencanto nos impeçam de realizar as tarefas empenhadas. Busquemos em Jesus e seus ensinamentos o alento e a compreensão maior para seguir mesmo quando os empecilhos nos dificultam a marcha e as críticas ferem nossos corações.

Nós também já agimos assim em tempos passados, quando a luz do Evangelho não iluminava a noite de nossa alma e nos debatíamos, permitindo que a sombra nos envolvesse e nos levasse a atitudes equivocadas. Agora é diferente, porque já ouvimos o chamado de Jesus e nos empenhamos em realizar as tarefas com amor e dedicação.

Observemos, porém, onde estamos semeando e procuremos agir com prudência, seguindo as diretrizes do amor para que não sufoquemos, com nosso orgulho ou vaidade, os que nos ouvem e observam nossa conduta.

Em seus ensinamentos, Emmanuel nos mostra como sair da estreita "cadeia do eu" para excursionar pelo grande continente chamado "interesse geral", possibilitando-nos trabalhar na "Terra das almas", onde o sofrimento surge em forma de impedimentos, dores e escassez de recursos e, muitas vezes, sem a liberdade de alçar planos mais altos, intoxicada pelos "pântanos" da maldade, da intriga, da inveja, enfim, dos vícios morais que retardam seu progresso moral.

Esse trabalho que se estende além das fronteiras do lar, onde aprendemos as primeiras lições de fraternidade, de paciência, de perdão incondicional, de aceitação do outro, de amor, será uma conquista gradativa para nossos espíritos se, realmente, estivermos seguindo o roteiro do Evangelho de Jesus que nos recomenda "fazer aos outros o que gostaríamos que os outros nos fizessem" (MATEUS 7:12).

Semear em terra fértil é fácil, todavia, nem sempre encontraremos o solo generoso e bem preparado para receber a semeadura do amor, da tolerância, do perdão.

E será principalmente no lar que seremos provados e levados ao testemunho de nossa condição espiritual.

No reduto da família, no anonimato, sem o aplauso do mundo, é que conquistaremos os troféus da vitória sobre nós mesmos, construindo os alicerces de amor para edificação da segurança, do bom exemplo, das lições simples da vida digna para que todos se beneficiem das bênçãos da reencarnação e juntos prossigam em sua destinação nas sucessivas oportunidades de progresso moral.

Se falharmos no preparo dessa sementeira de amor, sem cuidar, nos primeiros tempos, com carinho e abnegação, dos tesouros que Deus nos confiou, estaremos fadados ao fracasso em outros lugares ou tarefas que venhamos a assumir na existência atual.

Há uma relação profunda entre o que realizamos em nossos lares e as tarefas do mundo, porque o sucesso em qualquer setor que venhamos a assumir deveres estará condicionado ao nosso preparo e abastecimento no lar, onde poderemos haurir forças e fluidos salutares ou nos intoxicar com as emanações viciosas dos que convivem conosco.

Por isso devemos estar atentos ao que realizamos no grupo familiar e ao que sentimos junto aos que vivem conosco, evitando o que não for saudável ou condizente com nossa posição de seguidores de Jesus.

Na semeadura que tentamos realizar nos corações alheios, alguns resultados não serão imediatos, todavia, perseveremos no bem, exercitando a paciência e a gentileza.

Com o Evangelho de Jesus norteando nossos passos, nossas dificuldades serão experiências valiosas, ensejando-nos o crescimento espiritual e o progresso na senda a percorrer.

Joanna de Ângelis nos leciona:

> Diante daqueles que produzem confusão e espalham desavenças, mantém-te em paz interior e ajuda-os com bondade, porque eles estão enfermos e ignoram a doença que os devora. Ninguém é infeliz pelo desejo de o ser, mas

por circunstâncias que às vezes lhe escapa ao discernimento. É certo que se é responsável pelas ocorrências infelizes a que dá lugar, assim como pelos deslizes a que se entrega. [...] A ti compete auxiliar sempre e compadecer-te continuamente dos maus e dos males que engendram (FRANCO, 2010, cap. 17).

Afastemo-nos, pois, dos impedimentos, vencendo nossas inibições, e aprendamos com Jesus a "sair para semear".

Bullying escolar: uma análise espírita

Não poderíamos deixar de analisar, sob a ótica espírita, essa agressão moral que tem crescido de forma assustadora nos tempos atuais.

O *bullying*, palavra de origem inglesa, tem como conceituação básica a agressão que se manifesta de forma cruel no relacionamento de pessoas do mesmo grupo em que existe o predomínio do mais forte sobre o mais fraco, oprimindo-o e humilhando-o. Geralmente, os agressores agem em grupo ou, se um agride sozinho, será covardemente aplaudido por outros colegas que seguem a mesma linha de pensamento e ação.

O fenômeno é antigo e já se manifestava de forma acentuada nos anos 1970, na Suécia, depois na Noruega. Sua ação nefasta foi descoberta por pesquisadores que analisavam a incidência sempre crescente de suicídio entre jovens e crianças.

Com o aumento dessas manifestações agressivas em várias partes do mundo, os estudos foram sendo ampliados e os pesquisadores descobriram que o *bullying* é bem diverso das brincadeiras e gozações tão comuns na fase infantil e na adolescência. Há um intuito malévolo de intimidar, de maltratar, visando ao afastamento da vítima do meio onde os agressores convivem, seja na escola, no clube, nas academias e festinhas escolares tão comuns nessa fase da vida.

Com os estudos mais acentuados, os pesquisadores chegaram à conclusão de que existem no *bullying* três papéis que se destacam: a vítima, o agressor e o espectador.

O agressor lidera o fenômeno e sente satisfação em humilhar, subjugar e maltratar os mais fracos. Denota uma personalidade com dificuldade de adaptação às normas, com carência afetiva e se compraz em oprimir sua vítima, sentindo-se superior fisicamente. O agressor é inadaptado ao meio social, não tem um lar bem estruturado e, muitas vezes, é vítima de muitas agressões e humilhações no grupo familiar ou, ainda, assiste sem poder reagir a cenas que o humilham, ofensas a outros familiares, atitudes e comportamentos que o perturbam psicologicamente.

A vítima, geralmente, é aquele que sofre constantes agressões tanto morais quanto físicas, recebendo denominações pejorativas e apelidos que o humilham diante dos colegas. Entretanto, existe um tipo de vítima que provoca o agressor sem conseguir dominar a situação e há, ainda, aquele que sofre a opressão e as humilhações e reage reproduzindo, com outras pessoas, o que lhe aconteceu — quase sempre, nos mais frágeis que ele.

O espectador assiste a tudo em silêncio e não defende a vítima por receio de que lhe aconteça o mesmo, todavia, nem sempre é conivente com o agressor, nem aceita seu comportamento.

Infelizmente, todos eles sofrerão as consequências de seus atos e terão problemas psicofísicos no decorrer da vida, sempre proporcional à falta cometida.

Allan Kardec, em *O livro dos espíritos*, falando da crueldade de certos Espíritos, esclarece-nos quando pergunta aos Espíritos superiores:

A crueldade não resulta da ausência do senso moral?
R. — Dizei que o senso moral não está desenvolvido, mas não digais que está ausente, porque ele existe, em princípio, em todos os homens. Mais tarde, esse senso moral fará com que os homens cruéis se tornem bons e humanos.

Logo na questão seguinte, ele indaga:

Como se explica que no seio da civilização mais adiantada se encontrem às vezes seres tão cruéis quanto os selvagens?
R. — Do mesmo modo que numa árvore carregada de bons frutos encontram-se frutos estragados. São, se quiseres, selvagens que da civilização só têm a aparência, lobos extraviados em meio de cordeiros. Espíritos de ordem inferior e muito atrasados podem encarnar entre homens adiantados, na expectativa de também se adiantarem; contudo, se a prova for muito pesada, vai predominar a natureza primitiva (KARDEC, 2007, cap. VI, q. 754 e 755).

Analisando o agressor ou praticante do *bullying* como alguém que está passando por provas ou situações difíceis no lar, onde não tem uma estrutura segura, sente-se carente de afeição, tem exemplos de agressões e atitudes egoísticas de pais ou familiares que o maltratam, poderemos entender que está sendo difícil para ele superar suas tendências inferiores, o que fará predominar sua natureza primitiva, exteriorizando seus instintos agressivos.

O agressor sofre a carência da afetividade no lar, a insegurança oriunda da ausência dos pais, do companheirismo e da solicitude que o ajudaria a superar suas dificuldades de vidas passadas. A sua característica mais evidente é gostar do que faz, de ser uma pessoa perversa e temida pelos mais fracos, o que espelha sua vivência no grupo familiar.

A vítima é, geralmente, pouco sociável, tem dificuldade de se agrupar, é introspectiva e insegura. Tais características facilitam a ação do agressor.

Muitos criminosos sofreram *bullying* na fase escolar e não conseguiram superar seus conflitos, nem receberam a atenção e o tratamentos adequados para que pudessem viver em harmonia na sociedade. Outros apresentarão baixa autoestima, problemas de relacionamento, comportamentos rebeldes e agressivos que redundarão em atos criminosos ou suicídios.

Tanto o agressor quanto a vítima deverão ser ajudados para que esse flagelo social desapareça e todos vivam em harmonia.

A mídia relata casos de *bullying* não apenas nas escolas, mas também no ambiente de trabalho, no grupo familiar e em outros setores da sociedade.

Essa atitude retrata o egoísmo que ainda impera em nosso meio e cuja extinção ou terapia somente se fará pela profilaxia do amor e da compaixão, levando-nos a reformular nossas leis sociais e jurídicas e a buscar soluções morais que nos libertem das paixões inferiores e nos conduzam à educação de nossos sentimentos e equilíbrio das paixões.

O lar tem um papel preponderante na educação moral do ser. Confiados à nossa guarda e orientação na fase infantil e na adolescência, nossos filhos poderão superar muitos problemas vivenciais se forem educados à luz do amor, da moral cristã, seguindo as diretrizes do Evangelho de Jesus.

A família é, portanto, a união de almas afins que se agrupam sob o mesmo teto para o desenvolvimento moral e a educação dos sentimentos e muito poderá contribuir para que os Espíritos que se irmanam nesse grupo, se enfrentam processos mais graves em relação à Lei divina, sejam orientados e ajudados a superar suas dificuldades e a crescer espiritualmente.

Como enfrentar na atualidade tantos problemas e tragédias que se repetem de forma assustadora?

Quais são os responsáveis pela educação moral da criança e do jovem?

Vianna de Carvalho esclarece, quando responde o seguinte questionamento:

Educação moral — ética social — tema escolar ou familiar?
R. — A educação moral na sua abrangência, que envolve também a ética social e outras expressões, não é doutrina desta ou daquela instituição, mas

de todas. Inicia-se no lar, pelo exemplo dos pais em relação aos demais indivíduos, incluindo naturalmente os familiares, e alonga-se na escola, não como um currículo obrigatório, exigindo memorização de regras para prêmios e promoções, mas como parte integrante de todas as disciplinas que a têm embutida, aprofundando-se o estudo especificamente quando o educando estiver em condições de incorporá-la e vivê-la no cotidiano (FRANCO, 1998, cap. 4, it. 4.3, q. 108).

Infelizmente, não é o que acontece em nossos dias, e temos como resultado todas as perturbações da ordem social, a começar pela falta de respeito aos professores, aos pais, aos idosos, à natureza e aos semelhantes, quando vemos tantas agressões que culminam em tragédias, diariamente divulgadas pela mídia.

Vianna de Carvalho, auxiliando-nos na compreensão de tudo o que vem acontecendo com a sociedade, nos esclarece que a família tem um papel muito importante na formação dos caracteres morais do ser humano e diz o seguinte:

> O que se faz imediato é a reconstrução da família — célula mater do organismo social. [...] A educação começa a partir do momento em que são insculpidos os hábitos na criança, corrigindo-lhe as reações do instinto e modelando-lhe as características que a tornarão um ser saudável moral, social e intelectualmente. Enquanto isso não ocorre, naturalmente as instituições específicas ideais serão aquelas nas quais floresçam o amor e o conhecimento da psicologia infantil, transmitindo segurança e afetividade. Todavia, nenhuma instituição, por mais bem aparelhada culturalmente, substitui o afeto da família, principalmente dos pais em cujo relacionamento as leis da reencarnação proporcionam os mecanismos para o aprimoramento do ser, na convivência, nas experiências, na aprendizagem recíproca entre educadores e educandos, que se nutrem dos valores espirituais e emocionais que os reúnem no processo de crescimento para a vida (FRANCO, 1998, cap. 4, it. 4.3, q. 114).

Analisando o problema de agressão moral e física que se manifesta na escola, no ambiente de trabalho, na vida em sociedade, onde grupos se reúnem para determinados fins, entendemos, a partir das instruções dos benfeitores espirituais e de autores espíritas que estudam esse tema, que há uma coerência de opiniões, indicando o lar como agente propiciador das atitudes agressivas. Há de se pensar que isso ocorre, na sua maioria, em lares desestruturados, onde não existe diálogo, afetividade, fraternidade, lealdade e todo o grupo não tem princípios religiosos ou limites que os levem a uma conduta sadia.

Indicam-nos, também, à luz da Doutrina Espírita, como atender os que se encontram envolvidos nesse processo, tanto o agressor quanto a vítima.

Não generalizando e observando as causas dos que agem como agressores nesse fenômeno, compreendemos o quanto a falta, ainda, de recursos educacionais, seja pelo exemplo, seja pelas regras simples de conduta moral estabelecidas pelos pais ou responsáveis, facultam a agressividade e o desrespeito ao ser humano.

Vemos, assim, que a família tem um papel muito importante na formação das defesas dos filhos contra o assédio dos agressores, cercando-os de afeto, dando-lhes confiança para que falem de seus problemas e dificuldades, demonstrando que violência e revide agravam a situação, no caso de serem vítimas. E usando dos recursos e subsídios que a Doutrina Espírita nos concede, despertar em suas consciências o senso moral, o discernimento e o respeito ao próximo para que não incorram em faltas graves na sua vida de relação.

A profilaxia para todos os envolvidos nesse fenômeno denominado *bullying* será realizada pela educação moral e do amor, cujos efeitos serão os mais acertados e eficazes porque se assentam na filosofia cristã que se fundamenta na lei de amor e justiça.

Joanna de Ângelis nos leciona que:

> A ausência do amor no ser humano e, por consequência, no mundo demonstra o estágio de primarismo ainda predominante, que dificulta o processo de evolução, gerando conflitos perfeitamente dispensáveis, mas que se demoram perturbadores como ferretes impelindo para a frente e para a conquista desse atributo superior do ser (FRANCO, 2000, cap. *Libertação pelo amor*).

Ao longo das vidas sucessivas, aprendemos a amar, desenvolvemos dentro de nós a capacidade de refrear os instintos agressivos, abandonamos a sombra para que a luz da verdade brilhe em nossa consciência e sejam os nossos sentimentos de compaixão, perdão incondicional e renúncia, direcionando nossos passos para a libertação espiritual, quando então estaremos seguindo a lei de amor que Jesus nos legou quando propôs: "Amarás a teu próximo como a ti mesmo... Faça aos outros o que queres que te façam...".

Depressão e tentativa de suicídio na fase infantil

Somente quem já enfrentou uma crise de depressão sabe o quanto é difícil superar toda a angústia que esse estado de espírito acarreta e como sofremos diante dos empecilhos que se agigantam, tornando-nos frágeis e inseguros.

Algumas vezes, sem causas aparentes ou compreensíveis, em determinado momento da vida, perdemos o chão, ficamos apáticos e sem vontade de seguir com as atividades normais do cotidiano.

Qual um barco em mar revolto, em noite escura, deixamo-nos levar pela tristeza injustificável, pela indiferença aos que nos cercam e somos tomados de um medo que nos sufoca e angustia.

Esses sentimentos e emoções assaltam a alma de um adulto. Imaginem o quanto deverá sofrer uma criança que se vê num quadro depressivo com uma tristeza inexplicável, com uma indiferença total a tudo que a cerca, sem conseguir reagir nem buscar a ajuda de que necessita para vencer todo esse sofrimento.

Analistas do comportamento humano, e especificamente no estudo da depressão na fase infantil, afirmam que, em cada 20 crianças com idade abaixo de dez anos, uma está acometida de crise depressiva.

As maiores dificuldades encontradas pelos que tentam ajudar a solucionar essa enfermidade infantil é que os sintomas, na maioria das vezes, são diferentes dos que surgem na depressão em pessoas adultas.

Algumas crianças apresentam comportamentos agressivos, atitudes deseducadas, desinteresse pelos estudos, e os pais ou responsáveis não compreendem essas manifestações, que poderão ser decorrentes de crises depressivas. O que dificulta um diagnóstico preciso, dependendo da fase em que acontece o distúrbio, é o fato de muitas crianças não saberem expressar o que sentem.

A depressão infantil manifesta-se de variadas formas:

- Comportamento irritante;
- Pirraças;
- Ansiedade;
- Desinteresse e baixo rendimento escolar;
- Dores de cabeça e na barriga;
- Cansaço frequente sem motivo aparente;
- Medos irracionais;
- Insegurança;
- Perda de apetite;
- Desinteresse pelas coisas que gostava de fazer;
- Isolamentos;
- Excessivas exigências e cobrança;
- Tonturas e mal-estar.

E vários fatores poderão desencadear a depressão infantil.

A ciência médica e a psicologia analisam as diferentes causas, buscando subsídios na vida familiar, nos fatores genéticos, orgânicos e ambientais.

Muitos psiquiatras que tratam de crianças com crises depressivas chegaram à conclusão de que as causas mais frequentes são motivadas por falta de atenção, carinho e uma sólida estrutura familiar que as protejam e lhes proporcionem segurança.

Aconselham a observar a criança que apresenta mudança de comportamento, tornando-se agressiva, agitada, com desinteresse e alterações do sono e do apetite, pesadelos e terror noturno, baixa autoestima e dizendo repetidas vezes: "Ninguém gosta de mim..." ou "Todo mundo me odeia..." Ela poderá estar numa crise depressiva motivada por vários fatores que deverão ser analisados por um profissional de saúde, que orientará a terapia adequada.

Quanto mais cedo for diagnosticada a depressão, mais fácil será o tratamento.

Uma boa profilaxia, em se tratando de educação, principalmente no lar, é dar amor e atenção na mesma medida em que se exige um bom comportamento e rendimento escolar satisfatório.

Segundo estudos de psiquiatras que atendem crianças com depressão, é necessário diferenciar a causa da depressão, tanto no adulto quanto na criança, antes de usar qualquer medicação. Isso porque, de acordo com estudos mais atuais, existe a depressão doença e a depressão reativa. Em se tratando de crianças, o cuidado deve ser redobrado no uso de medicamentos. Deve-se analisar, antes de usar qualquer medicação, a possibilidade de uma crise familiar, algum problema que esteja afetando o psiquismo da criança e deixando-a insegura. Buscar mais informações sobre seu comportamento na escola, quais as dificuldades de relacionamento ela tem e quais pessoas poderiam estar influenciando sua vida de forma negativa.

Devemos dar uma atenção especial à depressão infantil porque o percentual de crianças depressivas em todo o mundo tem crescido e já atingiu 5% dos casos analisados.

Uma observação atenta dos sintomas ajudará a diagnosticar a depressão e suas causas, que poderão ser debeladas logo no início, antes que se torne uma enfermidade que comprometerá o desenvolvimento de uma vida saudável.

Para fazer um diagnóstico acertado, é necessário avaliar alguns itens como:

- Situação familiar e existencial;
- Nível de maturidade emocional;
- Autoestima.

Para a avaliação, é necessário buscar a psicoterapia, e o tratamento deverá ser realizado por especialistas: médicos (pediatras e psiquiatras) e psicólogos.

Existe a depressão inata, do ponto de vista espiritual, e ocorre em bebês com sintomas diversos que não se enquadram em processos de desequilíbrio orgânico. É compreensível quando analisamos a depressão inata sob a visão espírita. O Espírito reencarnante, trazendo de vidas passadas o comprometimento moral, apresentará, desde cedo, sintomas depressivos e enfermidades orgânicas.

Há necessidade de as Casas Espíritas estarem capacitadas a prestar uma assistência espiritual para os casos graves de depressão tanto no adulto quanto na criança. Nunca esquecer a recomendação de que não se pode interromper o tratamento médico ou a terapia de apoio psicológico. Não estando, ainda, em tratamento com esses profissionais, orientar para que busquem, também, essa ajuda. Somente assim poderão ser analisadas, mais profundamente, todas as causas possíveis.

Os recursos espíritas, como a fluidoterapia, o encaminhamento do nome da criança às reuniões mediúnicas, a orientação aos pais quanto à necessidade de atender a criança em suas necessidades mais urgentes, com amor e atenção redobrados, possibilitam uma acentuada melhora logo no início do tratamento e posteriormente a cura real, nos casos de depressão sem graves comprometimentos de vidas passadas.

É importante redobrar os cuidados e atenções quando a criança apresenta desde cedo sinais de depressão, crises de choro, medos noturnos, percepções extrassensoriais, tristeza e inapetência, que poderiam redundar em tentativas de suicídio na fase infantil, com interrupção do processo reencarnatório.

Na visão espírita, essas crianças já incorreram em graves delitos no passado, com agravamento diante do desrespeito à vida, provocando o suicídio na fase adulta, e retornam com outra oportunidade de reeducação e resgate.

A Doutrina Espírita oferece aos pais a orientação adequada com explicações lógicas e recursos para minorar o quadro depressivo, evitando males maiores.

Em depressões reativas, aquelas resultantes de problemas vivenciais da presente encarnação, os resultados são mais eficazes, desde que se observem os cuidados no atendimento à criança.

Reconhecemos, assim, que todos os procedimentos para proporcionar à criança segurança e bem-estar físico e espiritual serão fatores determinantes no processo de cura e minimização de seus problemas vivenciais.

A depressão na criança ou no jovem, quando se agrava sem o tratamento adequado ou por injunções espirituais mais graves, resultantes de delitos do passado, poderá ser determinante da tentativa de suicídio, que, se concretizado, levará à família e ao Espírito que não conseguiu superar suas dificuldades, desistindo da vida, consequências graves perante a Lei divina.

Problema de suma gravidade que tem sido estudado amplamente pela ciência médica e pela psicologia, o suicídio na fase infantil tem crescido assustadoramente no mundo moderno e já é uma das dez maiores causas de morte em todos os países.

Inúmeras vezes, o suicídio é omitido pela família, que, não sabendo lidar com o problema, desconhece a causa real que infelicita tantos jovens e crianças e interrompe prematuramente a vida.

No caso da criança, a incidência é menor que nos jovens, mas a tentativa tem aumentado durante as crises depressivas. Atualmente, a ocorrência tem motivado muitos pais a procurarem ajuda com maior frequência.

O desejo de exterminar a vida é mais comum na idade escolar e na adolescência e as estatísticas comprovam que as tentativas são raras em crianças pequenas. Até os seis ou sete anos, a criança não tem ideia concreta do que seja morte. Seu pensamento é ainda mágico e ela tem mais dificuldade de percepção da realidade. Nessa fase, o conceito de morte ainda não envolve uma emoção em especial.

Somente aos 11 ou 12 anos, segundo conceituação de Piaget e outros pedagogos, a criança passará a se preocupar com a vida após a morte. As crianças urbanas de nível socioeconômico baixo adquirem noções acerca de morte mais cedo que as de classe média. Isso numa conceituação geral, que poderá variar segundo a educação, a evolução do Espírito, o meio familiar e cultural em que desenvolve suas habilidades.

Na adolescência, o problema da morte surge de forma mais real e profunda, daí a maior incidência de casos de suicídio nessa fase. O jovem considera o suicídio como a solução para os problemas vivenciais que o afligem e angustiam. Alguns chegam até a pensar na morte como um alívio para todos.

As crianças com humor irritável, delírios, agitação psicomotora, crise de violência e percepções auditivas e visuais sem explicação lógica constituem alto risco de suicídio em curto prazo. E há uma incidência maior de suicídios em jovens com transtorno bipolar.

Vamos analisar algumas conceituações em torno do suicídio que são falsas e outras que apresentam veracidade.

Mitos em torno do suicídio:

- Aquele que quer se matar não avisa.
- Ele quer realmente morrer?
- É covardia ou coragem dar cabo da vida?
- Somente os deprimidos se suicidam?

Verdades:

- 80% avisam que vão se matar.
- Ele deseja parar de sofrer e não morrer.
- O suicídio é considerado a solução.

Cuidados especiais para evitar novas tentativas:

- Procurar entender as razões que levaram a criança a adotar tal conduta.
- Transmitir esperança sem falsas garantias ou promessas que não possam ser cumpridas.
- Estar sempre disponível a ouvir suas argumentações e seus problemas.
- Entender a situação e tratá-la como se fosse adulto.
- Não deixar que fique sozinha, mas manter uma liberdade vigiada sem que ela perceba.
- Mostrar que existem soluções.
- Envolver a família.

Problemas vivenciais que afetam a criança:

- Crises financeiras na família.
- Mudança de colégio, de cidade ou mesmo de bairro.
- Separação dos pais.

- Enfermidade na família com afastamento de um dos componentes do grupo.
- Insegurança com o nascimento de irmão.
- Perda de avós ou acompanhante muito ligado à criança.
- Alcoolismo dos pais ou uso de outras drogas.

A criança deverá receber, além de muito carinho e atenções, as explicações necessárias do que está acontecendo de forma bem adequada a sua idade e é preciso deixar que ela fale o que está sentindo. Mostrar desde cedo o valor das conquistas espirituais e como devemos agir com relação às perdas materiais.

O amor é essencial nesse contexto.

Fatores essenciais à harmonização do grupo familiar:

- Amor, tolerância, perdão incondicional;
- Crença em Deus e na imortalidade da alma;
- Oração e fé raciocinada;
- Compreensão da Lei de Deus e de sua justiça;
- Crença nas vidas sucessivas;
- Sentido existencial que motive a viver.

Todos esses recursos que a Doutrina Espírita nos concede ajudam a mente infantil a superar a crise depressiva, com a ajuda de seus familiares, que saberão envidar todos os esforços para atender a criança em suas necessidades físicas e espirituais.

Assim, cuidaremos de repassar para os pais que tenham uma criança passando por uma depressão todos os recursos disponíveis e orientações, enfatizando que nunca deverão perder a fé e a confiança em Deus.

Deverão buscar sempre novas alternativas de vida, lutar e prosseguir vivendo com fé e otimismo, certos de que Deus nunca desampara nenhum de seus filhos, e todos estamos inseridos na lei de progresso, destinados à paz e à felicidade.

Na visão espírita, o suicídio na infância, em alguns casos, está relacionado com a obsessão, e a ideação para consumar o ato de violência contra a vida seria incentivada por emissão de ideias do Espírito perseguidor, na tentativa de interromper a permanência do Espírito reencarnante no atual corpo físico.

Manoel P. de Miranda, no livro *Temas da vida e da morte*, analisa mais profundamente o suicídio infantil e cita alguns fatores predisponentes:

- Lares desajustados;
- Falta de afeto e objetivos na vida;
- Suicidas em vidas passadas.

E fala da gravidade da situação:

> Amadurecidas precipitadamente, em razão dos lares desajustados e das famílias desorganizadas; atiradas à agressividade e aos jogos fortes com que a atual vida social as brinda, extirpando-lhes a infância não vivida, sobrecarregam-se de angústias e frustrações que as desgastam, retirando-lhes da paisagem mental a esperança e o amor. Vazias, desprovidas do afeto que alimenta os centros vitais de energia e beleza, veem-se sem rumo, fugindo, desditosas, pela porta mentirosa do suicídio (FRANCO, 1996, cap. *Suicídio – Solução insolvável*).

Como espíritas, temos os valiosos recursos que o Espiritismo nos concede para que sejam aplicados no relacionamento familiar, na educação dos filhos, na solução ou minimização dos problemas vivenciais, entretanto, seja qual for o grau da depressão que atinja a criança, o jovem ou algum familiar na fase adulta, é imprescindível o tratamento médico, psicológico e todas as alternativas que levem a uma ajuda mais eficaz.

São de suma importância a prece e o Evangelho no lar com todos os componentes da família, semanalmente ou mais vezes, se necessário, harmonizando a ambiência espiritual e consolidando os laços de amor e fraternidade.

Quando procurados na Casa Espírita para atendimento ou diálogo fraterno com os pais cujos filhos estejam passando por crise depressiva, deveremos usar de muito amor e paciência, colocando-os a par dos recursos espíritas, enfocando sempre a necessidade da contribuição de todos os familiares na ajuda à criança.

No diálogo com os pais, procuraremos enfocar conceitos espíritas e todos os recursos para auxiliar a criança que esteja sofrendo assédio espiritual, falando sempre da necessidade do envolvimento de toda a família no processo de ajustamento para que juntos possam debelar o mal que ameaça a estabilidade emocional de todos.

Sem jamais desconsiderar que a criança é o futuro, envidaremos esforços no sentido de buscar sempre o aprimoramento da mente infantil pela evangelização e pela educação moral no reduto doméstico, com observação constante de suas tendências, usando o dinamismo do amor como o mais eficaz método pedagógico de que dispomos para acompanhar o desenvolvimento da criança e ajudá-la em suas limitações e dificuldades.

Silêncio íntimo

Jesus, invariavelmente, após as estafantes realizações, fugia das multidões insaciáveis e fazia silêncio, buscando na oração a plenitude com Deus... (FRANCO, 2010, cap. 3).

JESUS, EM DIVERSOS momentos de sua trajetória na Terra, quando a perturbação e a rebeldia dos que o perseguiam mais se acirravam, buscava no silêncio de seu mundo íntimo o refúgio sagrado para sua ligação com o Pai.

Ainda não podemos alçar esse estágio de sintonia com o Criador em voos tão altos, mas podemos buscar dentro de nós, mergulhando nas mais recônditas paragens de nosso ser, essa sintonia por meio da prece que nos liga à excelsa bondade divina.

É no clímax da emoção mais pura, na fé mais acentuada e perene que encontraremos as forças para prosseguir em nossa caminhada rumo ao nosso destino maior, realizando a longa viagem a esse mundo ainda desconhecido, profundo, porém acessível a todos nós, filhos de Deus.

O silêncio íntimo, a quietude desse lugar sagrado e indevassável, onde apenas nós podemos penetrar, aquieta nossa alma, refazendo nossa organização física que ainda usamos para a busca do aperfeiçoamento moral nas múltiplas vidas que se sucedem no infinito do tempo como dádiva do Pai celestial.

O exercício da meditação, as reflexões contínuas na viagem que empreendemos para dentro de nós mesmos permitem-nos penetrar o âmago de nosso ser e oportunamente estudar nossas possibilidades, observar nossos erros, analisar o que já teremos condições de corrigir. O autoconhecimento nos leva a aprimorar nossos sentimentos num processo de autoeducação, quando reformulamos as diretrizes que estamos imprimindo às nossas vidas, reparando os equívocos que ainda cometemos e encontrando um novo sentido existencial.

É preciso buscar, em primeiro lugar, o silêncio da escuta diante da natureza que nos envolve de modo a acalmar as emoções que eclodem, muitas vezes, como labaredas que requeimam nossas entranhas, e educar nossos sentimentos, levando-nos a percorrer os estágios de ascensão espiritual e desenvolvimento ético.

É longa a caminhada?

Sim, todavia, não importa o tempo que demoremos. O importante é prosseguir sempre!

Na vida familiar, diante daqueles que caminham mais intimamente conosco é que encontraremos os mais sérios entraves para esse aprendizado porque defrontamo-nos, quase sempre, com os Espíritos que retornam ao nosso lado para aferição dos valores morais e, muitas vezes, resgate de débitos contraídos perante a Lei divina.

Entretanto, a afetividade e o apoio fraternal, quando reencontramos almas afins, atenuam as lutas e nos propiciam conquistas inigualáveis que o mundo lá fora não nos daria em face da multiplicidade dos problemas e da ineficácia dos bens materiais na conquista da paz e da felicidade.

No âmbito familiar, fica mais fácil a aquisição das virtudes e dos meios de progresso moral que vão nos alçar a planos mais altos, seja pelo sofrimento ou pelas lições auferidas no convívio com os Espíritos mais evoluídos que participam da mesma família.

O amor funciona como o propulsor da vida de relação no lar, e seus componentes, mesmo os mais difíceis, vão se render a esse sentimento que ameniza as dores da alma e aumenta o discernimento e a capacidade do ser diante das barreiras que tentam impedir o avanço moral.

Em *O evangelho segundo o espiritismo*, no cap. XIV, em belíssima página de Santo Agostinho, encontramos:

> De todas as provas, as mais duras são as que afetam o coração. Um, que suporta com coragem a miséria e as privações materiais, sucumbe ao peso das amarguras domésticas, pungido da ingratidão dos seus. Oh! Que pungente angústia essa! (KARDEC, 2004, cap. XIV, it. 9).

Realmente, a ingratidão daqueles que amamos fere a alma e inquieta o coração, todavia compreendendo a lei de justiça, sabendo que não é a consanguinidade que fortalece os laços familiares, buscando esclarecer os conflitos e os problemas vivenciais com a lógica do Espiritismo, teremos mais chances de enfrentar e suportar esses reveses da vida.

E, assim, não nos deixaremos abater pelo desespero nem pela angústia.

Quando sofremos, ainda nos deixamos afligir por pensamentos negativos e sombrios que perturbam nosso mundo íntimo. Nesse estado, dificilmente conseguiremos nos equilibrar, penetrar no silêncio, na quietude que favorecerá a calma, a paciência e a nobreza do perdão diante dos infortúnios.

Quando estamos aflitos e impacientes diante da dor, atrasamos a solução dos fatores que nos levam a sofrer e perdemos longo tempo na queixa e na lamentação.

> O problema da consciência é individual. Quando esta se banha da claridade do amor sob a inspiração do bem, faz-se rigorosa para consigo mesma, desculpando os outros, que não dispunham dos valores para o crescimento

> conforme já ela os possuía, não aplicando a força moral para se promover na escala dos valores legítimos. [...] Sabendo discernir o bem do mal, não relacione os erros alheios; age com acerto (FRANCO, 2010, cap. 18).

Preservemo-nos, portanto, com atitudes equilibradas diante das tribulações com que nos defrontamos em nosso caminho, buscando o silêncio íntimo, que favorece a reflexão mais demorada, e a prece, que nos ligará à ajuda espiritual de que necessitamos. Assim estaremos nos defendendo dos males físicos e dos distúrbios psíquicos que acompanham a aflição e o desespero diante dos problemas vivenciais.

Busquemos esse refúgio de paz em nosso mundo interior.

Façamos silêncio, buscando na prece o amparo de que necessitamos e a resposta virá em forma de bênçãos de paz, de ideias lúcidas que nos darão condições de avaliar o problema ou suportar o sofrimento sem afligir a mente com a intemperança e a inquietação.

Aprendi com a veneranda Joanna de Ângelis que perseverar nessa busca é o único meio de atingirmos a realidade como seres espirituais, iniciando pelo autoamor em direção ao autoencontro e caminhando pela autorrealização. Finalmente, atingiremos a autoconsciência que, como último estágio, nos dará a visão cósmica. Então, seremos pontos de luz mais próximos do Pai criador!

Por que desanimar, afligir a mente diante das dores morais, das perdas e das incompreensões alheias?

O importante é como estamos nos sentindo com relação a esses desafios existenciais e conservar a paz e o equilíbrio, buscando de forma racional e lúcida a solução de tudo o que demanda esforço e empenho de nossa parte.

Se já temos conhecimento do caminho a seguir e somos conscientes de nossa realidade espiritual, fica mais fácil aplicar tudo o que amealhamos ao longo da vida, usando o amor como antídoto de todo o mal que nos acontece.

No silêncio íntimo, meditando e orando ao Pai criador, certamente encontraremos as medidas salutares e saneadoras de que necessitamos.

E a humildade na aceitação de seus desígnios fará o resto!

Um Natal diferente

CERTAMENTE, ESTE SERÁ um Natal diferente. Sem o aturdimento das compras de última hora, sem o trânsito barulhento da cidade, sem a chuva que molha o asfalto e deixa o ar abafado, sem a aragem das tardes da primavera que já se esvai no calendário da vida.

Neste verão de temperaturas mais elevadas, buscamos o campo na esperança de nos sentirmos mais confortáveis, sem o calor excessivo, e, assim, podermos desfrutar da natureza, das sombras das árvores que servem de abrigos naturais, da beleza do entardecer quando o Sol vai se escondendo devagar, sem pressa, por trás da montanha azulada.

E sentimos, na poesia de tudo o que nos cerca e envolve lembranças de outros Natais, a magia desse tempo quando evocamos Jesus e seus ensinamentos que ecoam em nossos corações, sinalizando uma nova era de amor e esperanças, paz e promessas de vida imperecível, que somente a fé nos proporciona.

Ontem, a festa, o alarido das crianças, o vozerio dos que confraternizavam na cidade, buscando estreitar os elos de amor da família reunida...

Hoje, a paz, a serenidade da vida campestre, o silêncio profundo que suaviza as agruras da existência, apaziguando o íntimo e renovando as esperanças de todos nós que já conhecemos o amor sublime de Jesus — Mestre insuperável.

Uma diferença marcante nos demonstra a insensatez das coisas fugidias e supérfluas, dos excessos de qualquer natureza que ultrapassem a linha de equilíbrio do que nos é essencial. Parece que nada mais tem importância e, ao mesmo tempo, tudo se agiganta diante de nós quando ultrapassamos a linha da impermanência da matéria e avançamos na direção do que nos é realmente necessário em se tratando do ser imortal.

A busca da espiritualidade mostra-nos o real sentido da vida e o valor dos sentimentos mais nobres — propulsores da felicidade integral.

Perdura em nosso mundo íntimo o sentimento do amor, do desejo sincero de compreender o outro e não infringir, com nenhum pensamento ou gesto, a linha estabelecida pelo desejo de que ele seja feliz e possa encontrar a verdadeira razão de viver a plenitude do amor.

Esses pensamentos afloram em minha mente diante da expectativa de mais um Natal, quando estaremos reunidos pelos laços do amor e da fraternidade, embora nem todos possam nos acompanhar, como outrora, nesse encontro.

Reflexões e reminiscências despertam sentimentos de saudade...

Indagações e questionamentos afloram...

Onde ficaram os anseios de amor e a espontaneidade que alguns perderam ao longo dos anos?

Onde foram esquecidos os risos alegres das crianças, o falar descompromissado dos adultos, a felicidade de estarmos juntos?

E outras lembranças vão surgindo das feições amigas, do sorriso meigo, da emoção do abraço, dos assuntos tão comuns, mas tão repletos de sentimentos familiares e amizades sinceras.

E o cheiro que vinha da cozinha, aguçando o apetite de todos, nos pratos preparados com amor pela amiga e companheira que nos auxiliava cuidando das tarefas de casa?

Jamais esquecerei sua energia mesclada de ternura ao colaborar na educação de meus filhos, fazendo reprimendas e olhando-os atenta para que não se machucassem ou criassem maiores transtornos na casa, nessa data festiva. Como sou grata a Deus pelas ajudantes prestimosas que tive ao longo de minha vida em família!

A música, com seu encantamento, sustentava a harmonia do ambiente onde todos os corações se entrelaçavam no momento sublime que a evocação de Jesus nos proporciona!

Antigos Natais que embalaram nossa infância, nossa mocidade, quando os sonhos e os projetos de vida ainda estavam sendo elaborados...

Hoje é bem diferente!

Já se vão muitos anos e muitas realizações arquivadas na memória do tempo, restando apenas algumas lembranças que se esvaem como nuvens embaladas pelo vento e se perdem no infinito das horas.

Neste Natal, buscamos entender mais profundamente o significado da vida e das palavras de Jesus, quando nos conclama ao amor incondicional, e verificamos que é muito difícil vivenciar com sabedoria tudo o que aprendemos nos embates da existência.

Compreendemos e sabemos que direcionamento tomar para a conquista da paz, mas ainda demoramos em atritos e querelas sem importância que perturbam nosso mundo íntimo.

Já entendemos sua mensagem divina, entretanto ainda nos perdemos nos labirintos da dúvida quando diretrizes novas são estabelecidas e poderiam nos conduzir mais seguramente na concretização dos deveres e compromissos.

Assimilamos a mais significativa proposta que o Natal nos enseja, contudo ainda não permitimos que Jesus permaneça conosco em todos os momentos da vida, principalmente naqueles em que sofremos perdas e agressões, injustiças e agravos no desempenho dos trabalhos no bem.

Dizemo-nos cristãos, mas ainda não conseguimos deixar que a mensagem de Jesus conduza nossa caminhada na Terra, apegados aos bens materiais, às pessoas e a tudo o que pensamos nos pertencer, sem as benesses da renúncia, do perdão incondicional e do despojamento de tudo o que cerceia nossa liberdade!

Mas é Natal e ainda há tempo para uma retomada de atitudes e mudanças que, certamente, vão nos beneficiar com a paz e a serenidade íntima.

Assim, queridos leitores, aproveitemos o novo tempo que surge em nossos corações e busquemos no amor — fonte perene que emana de Deus para todos nós — reconduzir nossos passos na estrada de sol que a vida nos proporciona quando andamos sob a luz dos mais nobres sentimentos, alicerçados na fé e na confiança em nosso futuro espiritual!

Não há como fugir de nossa destinação espiritual e, como nos ensina Amélia Rodrigues,

> Não há como equivocar-se aquele que deseja saber como encontrar a razão de existir, a forma como proceder, o caminho a percorrer. Enquanto permanecer a sombra nos sentimentos humanos, sempre Ele estará aguardando em luz. Não resta outra alternativa senão segui-lo (FRANCO, 2008, cap. 30).

O caminho de volta

Se olharmos o tempo no infinito das horas que seguem a trajetória da vida sem interrupção, distanciamo-nos do que é real quando nos voltamos para os recônditos de nossa alma.

Na contemplação do horizonte, quando a vista se alonga e as texturas do que podemos visualizar vão se apagando, na mesma proporção em que estendemos o olhar, notamos que há uma correlação entre o tempo que nos foge a cada instante e a amplidão do que não conseguimos alcançar fisicamente.

A percepção do que está diante de nós, do que podemos tocar é mais nítida e expressiva, todavia a visão daquilo que se distancia, do que não conseguimos visualizar com clareza assemelha-se aos caminhos e sendas já percorridos, ao longo da vida, quando nos chegam como lembranças imprecisas e fugidias.

Quando nos propomos a caminhar para dentro de nós mesmos, numa sincera avaliação do que somos, do que poderemos alterar ou melhorar em nossa vivência atual, perdemo-nos em justificativas, sem coragem de mudar ou reparar, acomodados às convenções, presos aos preconceitos e opiniões que retardam nosso autoconhecimento.

Essa viagem interior gratifica e eleva quem consegue realizá-la sem temores.

Quando já amadurecidos pelas incontáveis experiências que a vida nos concede, nos anos que aqui permanecemos, fica mais fácil encetar essa incursão neste mundo mágico que traz surpresas e, para muitos, algum sofrimento pelo desapontamento ao reconhecer que não somos tão especiais como supúnhamos.

Os valores que detemos somente poderão ser auferidos nas horas de testemunho, de provas e dores morais, quando somos submetidos pela Lei divina às avaliações de como estamos aproveitando a bênção da vida na linha do progresso moral.

Todos nós deveríamos realizar essa viagem interior. Certamente, retornaríamos enriquecidos pelo conhecimento que ela proporciona a respeito de nós mesmos.

Creio que, ao regressarmos ao lar espiritual de onde viemos um dia, teremos fatalmente esse encontro e já seria um treinamento realizar tais incursões de forma mais contínua, ainda encarnados, porque não nos assustaríamos tanto com o nosso posicionamento futuro, quando encetarmos a viagem de volta.

Quando adentramos na fase final dos ciclos da vida biológica, amadurecidos pelos embates do cotidiano, pensamos mais vezes nessa possibilidade, e a preparação para a viagem derradeira vai se tornando mais urgente e necessária.

São várias as percepções que temos quando nos observamos e conseguimos ter uma vida mais voltada para os valores reais que poderemos levar conosco na volta ao mundo espiritual.

Se já nos acostumamos à análise de nosso mundo íntimo, ficamos mais sensíveis e perceptíveis aos sentimentos que nos assaltam em momentos de reflexões e na contemplação da vida, com gratidão e atos de louvor ao Pai celestial por tudo o que nos chega, incitando-nos ao crescimento espiritual.

Os momentos de maior sensibilidade vão sendo incorporados ao nosso dia a dia, as percepções se ampliam e alguns sentimentos vão sinalizando que estamos caminhando de volta, rumo ao Infinito.

Há uma estranha sensação de que realizamos determinadas coisas pela última vez, que não reencontraremos mais determinados amigos, que o tempo implacável vai apagando a lembrança de pessoas ou fatos que já não são tão importantes em nossa vida atual.

Ah! A memória afetiva não deveria se apagar nunca...

As recordações materiais, os lugares que visitamos, as viagens que empreendemos, os colégios que frequentamos e todas as lutas realizadas para sobreviver com dignidade ficam pequenos diante da memória do coração, do sentimento que resta e nos emociona ao recordar.

As lembranças que o coração arquiva e mantém ao nosso dispor não nos deixam em solidão, mesmo quando estamos sozinhos.

Passamos a viver as limitações e as dificuldades naturais da idade. E não nos sentimos solitários porque o mundo interior, agora já nosso conhecido, está repleto de valores e coisas que nos fazem gratos a Deus pelas bênçãos da vida!

Somos confortados a cada instante pelos gestos de carinho dos que permanecem conosco, pelos agrados e atenções dos amigos leais que nos incentivam a ter esperança e otimismo.

Não nos machucam mais as pedras do caminho, porque já foram amainadas pelas dores e pelos sacrifícios, para que muitos estivessem amparados e orientados, mesmo que não o reconheçam no momento.

Jamais deveremos desanimar ante as tarefas do bem, mesmo quando as forças escasseiem e a coragem de outrora diminua. Sempre poderemos realizar algo para um coração que esteja sofrendo.

Prosseguir sem esmorecer, com o coração afável e grato a Deus porque já conseguimos manter em nosso mundo íntimo a alegria incontida desse entardecer, indicando-nos o ressurgir de um novo tempo no ciclo das vidas sucessivas...

E adornando meus pensamentos com a poesia de Eros, termino estas reflexões:

> Estrada afora trabalhador do bem não te desalentes.
> Bem aventurado desconhecido! Operário do amor!
> Não cesses de produzir, semeia e semeia alegrias.
> Acende esperança na noite do desânimo.
> Distribui pão na escassez. Doa paz nos conflitos (FRANCO, 2001, cap. 13).

> Vai a dor, volta a esperança.
> Foge a tristeza, volta a alegria.
> Volta e ama, embora dilacerado.
> A mão que ajuda, sob o comando de uma mente que perdoa e um coração que ama, é enxada feliz trabalhando a terra ingrata, a fim de que se abra em beleza e utilidade.
> Volta, portanto, a amar e a sorrir! (FRANCO, 2001, cap. 14).

Importância do Evangelho no lar

RECORDO-ME COM EMOÇÃO das reuniões semanais que meus pais faziam em nosso lar, com leitura de *O evangelho segundo o espiritismo* e comentários das vivências diárias e de mensagens que recolhiam dos livros e periódicos espíritas, orientando-nos e enfatizando sempre a moral cristã e os benefícios da prece.

Em nossa mesa de refeições, sentávamos todos, inclusive a colaboradora de minha mãe nos afazeres domésticos, para orar e nos beneficiar desse momento de fé que nos fortalecia para o enfrentamento das lutas do cotidiano.

Recordo o semblante austero de meu pai orando a Prece de Ismael e, ao finalizar o encontro à luz do Evangelho de Jesus, minha mãe fazia a Prece de Cáritas. Esses instantes ficaram gravados em nossos corações e creio que tanto eu como meus irmãos temos essas preces memorizadas e as recordamos sempre com emoção e saudades.

Naquela época, não havia ainda a importante campanha da FEB sobre a instituição do Evangelho no lar, nem tínhamos acesso às lindas páginas psicografas por Chico Xavier e, posteriormente, por Divaldo

Franco sobre a importância das reuniões familiares com esse objetivo. Mas em nossa casa, já era hábito o encontro semanal da família para orar e estudar o Evangelho de Jesus, na visão espírita.

Com certeza, a orientação para esse procedimento foi dada por algum benfeitor espiritual para que mantivéssemos em nosso lar um ambiente harmonioso sob a proteção de Jesus, dada nossa condição de espíritas vivendo, ainda, num meio preconceituoso e de hostilidades à nossa crença.

Além disso, meu irmão mais velho que morava conosco era portador de um desequilíbrio mental aliado a um processo obsessivo e precisávamos manter um clima de paz e proteção espiritual para que ele se sentisse bem e não precisasse se internar. Todas as vezes em que ele esteve em clínicas psiquiátricas, minha mãe sofreu muito. Por isso, tão logo ele pôde permanecer em casa, todos nos empenhamos em manter o ambiente espiritual mais harmonioso e adequado ao seu estado. Ele também participava das reuniões do Evangelho no lar e todos nos beneficiávamos dessa prática.

Depois que me casei, prossegui realizando esses encontros em meu lar.

No início, eu e a colaboradora que viera da casa de minha mãe e era também espírita orávamos e líamos o Evangelho juntas, comentando alguns itens, sempre no mesmo horário e dia da semana, como era recomendado. Com o nascimento dos filhos, eles foram integrando nosso grupo até que se tornaram adultos, casaram e organizaram suas famílias. Atualmente, novamente sozinha, reúno com uma amiga e, quase sempre, temos a companhia de algum filho, filha ou netos que nos alegram com sua presença.

Em minha vida, o Evangelho no lar não é uma prática cultuada como uma obrigação ou dever imposto, mas um hábito saudável que nos faz bem, que protege nosso lar e nossa família, estendendo a bênção aos que moram ou trabalham no mesmo prédio em que resido.

É um momento de reflexão e prece quando nos colocamos em torno da mesa, lendo as palavras de luz de *O evangelho segundo o espiritismo*, as páginas edificantes dos benfeitores espirituais como Emmanuel, Bezerra de Menezes, Joanna de Ângelis e tantos outros abnegados mentores que nos orientam e amparam com suas lições edificantes.

O Evangelho no lar cria barreiras defensivas no ambiente doméstico, esclarece, ajuda e ampara todos que se reúnem para orar, sejam encarnados ou desencarnados que adentram o lar, nesse momento, para receber orientações e socorro espiritual.

Se nos dedicamos com tanto afinco aos labores domésticos para higienizá-lo e mantê-lo agradável e confortável, maiores cuidados dispensaremos à ambiência espiritual da casa para que todos se sintam bem, renovados em suas esperanças e na fé que nos motiva a viver bem, segundo a moral cristã.

Luzes de esperanças e bênçãos de paz adentram os lares em prece que se beneficiam da harmonia íntima de seus moradores e da proteção divina por meio dos Espíritos e familiares desencarnados que trazem, do plano espiritual superior, as melhores vibrações em resposta às rogativas sinceras que fazemos.

Desde a infância, os pais deverão orientar seus filhos a essa prática salutar, dando-lhes exemplos de seriedade e do valor da espiritualidade, reunindo a família para orar e buscar elucidações no Evangelho de Jesus, amenizando as aguras terrestres e as dores da alma.

> Diante da mesa posta do Evangelho de Jesus, recolherão você e os seus os mais sublimes e valiosos recursos da Divindade, para que consigam dar conta dos múltiplos compromissos da presente reencarnação, sem perda de tempo. Orar é nobre condicionamento, harmonizando-nos com o Infinito. Orar em família é ver derramar-se sobre ela o cálice aurífico dos Céus, acondicionando-nos nesse imenso bojo de ventura que o Cristo traz ao visitar-nos. Ensine seus entes queridos a se utilizarem das formidáveis bênçãos que movimentamos para o equilíbrio e para a presença da luz em nosso cenário doméstico (TEIXEIRA, 1991, cap. 25).

O estudo que se faz quando a família reunida realiza o Evangelho no lar é uma oportunidade valiosa para todos compreenderem o sentido existencial, priorizando a espiritualidade em detrimento das coisas materiais, valorizando os sentimentos nobres educados à luz dos ensinamentos do Mestre Jesus, que nos dão o roteiro seguro para caminharmos com equilíbrio na romagem terrestre.

Modernamente, todos os Centros Espíritas enfatizam o valor de se realizar o Evangelho no lar, esclarecendo em palestras públicas, na evangelização da criança e do jovem, nos grupos de estudo, as valiosas contribuições que essa prática traz ao grupo familiar.

Jesus, em reuniões na Casa de Pedro, estabeleceu as primeiras noções de como deveríamos fazer para orar em família, demonstrando a importância do amor e da prece como contributos indispensáveis à harmonização dos sentimentos e ao equilíbrio das emoções, preparando-nos para uma vida plena e saudável em sociedade.

Nessa reunião, que não deve ultrapassar os 45 minutos, não haverá manifestação mediúnica e todos poderão participar lendo páginas evangélicas e doutrinárias de fácil assimilação e do estudo contínuo de O evangelho segundo o espiritismo, com breve comentário feito pelo dirigente ou responsável pelo lar.

A fluidificação da água será feita no instante da prece final, bem como as irradiações para os enfermos que estiverem necessitando de ajuda espiritual, mas devem-se evitar casos de processos obsessivos, os quais serão encaminhados às reuniões apropriadas no Centro Espírita.

As crianças terão oportunidade de ler ou ouvir histórias da literatura infantil espírita para que fiquem sempre interessadas em participar e se acostumem com essa prática benéfica e importante para a harmonia doméstica.

E quando as crianças não se comportarem bem?

Envidaremos esforços para mantê-las em torno da mesa, dando-lhes figuras evangélicas para colorir (quando menores), permitindo que bebam água antes da hora ou que comam alguma coisa (biscoitos, por exemplo) durante o culto, mas sempre instruir com paciência e energia para que permaneçam assentadas em torno da mesa até o término da reunião.

Eu conseguia manter meus filhos, quando bem pequenos, usando o método acima sem muita rigidez. Aprendi que não devemos ser muito severos quando estamos dispostos a orar e com o coração voltado para o bem.

Com o tempo, as crianças se manterão mais comportadas e mais acostumadas, participando das atividades com leituras quando já estiverem em condições, e compreenderão o valor dessas reuniões em família. Não devemos privar nossos filhos do culto do Evangelho no lar.

> Instruir as crianças no Evangelho de Jesus não é missão exclusiva para evangelizadores de crianças nos Centros Espíritas, pois essa tarefa também deverá ser executada pelo pai e pela mãe, aproveitando plenamente os momentos preciosos do culto, com responsabilidade e carinho, compreensão e paciência. Nele os genitores têm uma grande e abençoada chance de exercitar-se no esclarecimento espiritual aos filhos queridos (BARCELOS, 2007, cap. 19, it. "Os evangelizadores do lar").

Para que todos se sintam bem e motivados para orar em família, estabelecido o Evangelho no lar como uma reunião semanal na qual todos se sintam à vontade e gostem de participar, devemos observar alguns itens:

¶ Evitar leituras extensas;

¶ Manter uma exposição breve, comentando o trecho lido de *O evangelho segundo o espiritismo*;

¶ Dialogar com os participantes durante a exposição;

¶ Não agir com muito rigor ou ritualismo ;

¶ Manter um clima de fraternidade, descontração e gentileza, de modo a permitir a participação espontânea de todos;

¶ Não aproveitar esse momento para reprimendas ou apontamentos de falhas de algum participante, direta ou indiretamente;

¶ Evitar conversações paralelas e fora dos objetivos da reunião.

Seguindo esse posicionamento, teremos uma reunião agradável e manteremos uma boa convivência num clima de gentileza e otimismo em que todos serão gratificados pelas bênçãos que, certamente, se farão por intermédio dos benfeitores espirituais e familiares desencarnados ali presentes.

Hoje temos na literatura espírita e nas orientações da FEB recursos importantes com instruções e mensagens para a realização do Evangelho no lar, quando estudaremos em família, enriquecendo nossos espíritos com as luzes do conhecimento e angariando a proteção espiritual indispensável, a fim de prosseguirmos com nossos compromissos com equilíbrio e discernimento.

Aos pais espíritas, além do desejo comum a todos os genitores, que é a felicidade de seus filhos numa vida saudável e bem-sucedida, cabe a responsabilidade de conseguir a harmonia íntima e a paz, seguindo as diretrizes da moral evangélica, aproveitando todas as oportunidades para o desenvolvimento de suas potencialidades como Espíritos imortais, enfim, seguindo a programação estabelecida no processo reencarnatório com vistas ao progresso espiritual.

Depararemos, ainda, com problemas de relacionamento no lar e dificuldades na execução desse planejamento espiritual, todavia, realizando o Evangelho no lar, teremos maiores chances de acertar e conduzir nossos filhos com segurança neste mundo tão conturbado, que segue sua destinação, transitando de planeta de provas e expiações para regeneração.

> O momento do Evangelho no lar é, sobretudo, de comunhão familiar das mais elevadas; e que ao terminá-lo se continue à mesa, conversando naturalmente,

evitando-se transformá-lo em sessão doutrinária demorada ou de intercâmbio mediúnico desnecessário (FRANCO, 1994, cap. *Evangelho no lar*).

Cabe, portanto, a cada um de nós fazer o que nos compete com amor e dedicação, contribuindo para a conquista de um mundo de paz e fraternidade que todos almejamos.

Nossos filhos e suas escolhas

FALAR DE FAMÍLIA e seus problemas, dos filhos adultos e casados, quando o inverno da vida já se faz notar de forma acentuada para muitos pais, torna-se uma realidade bem diversa daquilo que descreveriam quando todos ainda estavam reunidos no mesmo lar.

Numa retrospectiva de tudo o que vivenciaram juntos, dos momentos de alegria e felicidade intensa, das conquistas e vitórias que compartilharam e das dores sofridas diante da separação física pela morte de alguns entes queridos, o olhar é mais compassivo, notadamente o das mães.

Há uma similitude marcante no amor das mães!

As mães, em sua expressiva maioria, amam de forma idêntica! Elas se entendem e analisam seus filhos de forma bem semelhante, mas poucos as compreendem quando elas defendem suas ideias e seus sentimentos com relação aos filhos. E quando envelhecem, esse amor se amplia e se estende aos netos, aos bisnetos de uma forma imensurável.

É um amor tão intenso, que cresce em plenitude e renúncia nas situações mais graves da existência. Nas crises ou nos desencantos que levam outras pessoas a deixar de amar, elas se tornam mais compreensivas e tolerantes, mantendo o sentimento materno exacerbado. Acontece em inúmeras ocasiões, quando seu coração ferido bate mais forte diante das seguintes situações:

- Separações e abandono dos que ama;
- Enfrentamento das decepções e desilusões;
- Ingratidões dos filhos rebeldes;
- Agressões morais, maus-tratos, intimidações;
- Cerceamento de sua liberdade.

Em todas essas situações, ela se mantém confiante e ama sem limites. Deve ser por essa razão que o sentimento materno é o que mais se assemelha, aqui na Terra, ao amor de Deus por suas criaturas.

É um amor tão grande, que não se avilta diante das ocorrências infelizes, mas amplia sua capacidade de perdoar, de socorrer, de compreender o outro.

Mesmo sofrendo, não perde a confiança em Deus e não se cansa de orar para que seu filho seja feliz!

Com relação aos filhos mais problemáticos, aqueles que não seguem as regras convencionais diante dos padrões de cada família, o amor de mãe se expande na mesma medida em que eles precisam de seu amparo e solicitude.

Esse pensamento em torno do amor de mãe é compartilhado com todas aquelas que sofrem a dor da incompreensão dos filhos. E surgem diante:

- Dos que perderam o sentido existencial;
- Daqueles que esqueceram os valores morais que lhes foram ensinados com lições vivas dos exemplos com que os pais procuraram enriquecer suas vidas, enquanto dependentes sob o teto que os abrigava com amor;

¶ Dos que se distanciaram da família;

¶ Daqueles que se fecham em redomas de vidro frágeis e ilusórias, alimentados pelo fascínio do poder e das facilidades materiais.

Razões muito acima das imposições materiais e das ilusões da vida terrena farão com que retornem e dissipem as divergências, amainando as diferenças e equilibrando as afeições pela lei do amor.

Não é simplesmente porque escolheram determinado lar para reencarnar que são irmãos... Elos muito mais poderosos impõem a convivência familiar para que todos se esforcem e vençam as inimizades, as antipatias e aversões, certamente nascidas em vidas anteriores por erros ou agressões mútuas.

Ah! Se os filhos entendessem como é doloroso para os pais assistirem à desagregação da família que organizaram com tanto amor e sonhos de felicidade real...

Sabemos pela lei natural que eles também vão vivenciar muitos acontecimentos semelhantes aos que os pais vivenciam na fase outonal de suas vidas. Se fosse possível evitar as dores morais que hoje os ferem, prepaririam a estrada em que caminham com o mesmo carinho com que seus pais cuidavam deles, enquanto pequeninos e indefesos...

Todavia, compreendemos que nem os pais têm o poder de alterar a Lei divina.

À luz do Espiritismo, numa visão ampliada das vidas sucessivas, compreendemos o porquê de tantas divergências e dificuldades entre irmãos, pais e mesmo outros parentes que vão se agregando à família com os casamentos, nas uniões afetivas, sinalizando uma diversidade maior nas características sociais, culturais e morais.

Com o amadurecimento físico, nem todos conseguem o equilíbrio emocional para lidar com os problemas fora do lar e, quando adultos, nossos filhos têm suas próprias escolhas, suas ambições, seus projetos de vida e não podemos intervir como gostaríamos para que cresçam em entendimento e saibam lutar diante das adversidades.

Não nos é lícito desrespeitar suas escolhas, mesmo sabendo que não terão êxito em suas pretensões e que, algumas vezes, os caminhos escolhidos serão atalhos perigosos que os farão sofrer.

Resta-nos o bom senso de não medir esforços na manutenção da paz e, orando sempre por eles, interceder junto ao Pai, que é misericórdia, para que os ampare e proteja.

Reflexões mais profundas assaltam minha mente nesses dias que antecedem o Dia das Mães.

Estamos em maio. A natureza em festa, o Sol brilhante, o céu azul quase sem nuvens e a temperatura agradável desta manhã nos fazem recordar outros tempos, com a família reunida nos finais de semana, na fazenda onde desfrutamos a alegria de estarmos todos juntos.

O tempo passa, mudam as circunstâncias com novos grupos familiares que vão se ampliando. A união de sentimentos e o prazer da convivência não são tão compartilhados como outrora...

Felizes os grupos familiares que conseguem manter a união de todos os seus componentes!

> Há famílias desagregadas em clima de permanente perturbação, nas quais as lutas encarniçadas se fazem entre os seus membros, não poupando a ninguém. Ocorre que nelas o campo de batalha das reparações espirituais se apresenta organizado, a fim de que os litigantes compreendam a ditosa oportunidade de estarem juntos para se ampararem uns aos outros, se desculparem pelas ofensas que se permitiram anteriormente, encontrando novo rumo emocional para a experiência da felicidade. As famílias, por isso mesmo, nem sempre são ditosas ou harmônicas, constituindo agrupamentos de difíceis entendimentos, por faltarem os instrumentos da paz, que cada membro desconsiderou em outra oportunidade, mas que agora retornam em carência (FRANCO, 2000, cap. *Amor filial*).

Compreendemos, assim, que as famílias são organizadas, em sua maioria, visando ao progresso moral do ser, com programações que lhes sejam mais úteis, embora nem sempre sejam as mais agradáveis e felizes.

É natural, compreendo e aceito os desígnios de Deus, mas eu gostaria que fosse bem diferente, dentro de uma normalidade agradável para meu sentimento de mãe!

Todas as mães devem sentir o mesmo...

Como em tudo há uma compensação, acredito sempre que Deus nos concede o que merecemos. Seja nas horas felizes, seja nos momentos de dificuldades, vou refletindo em torno das lições sábias da Doutrina Espírita, da consolação com que sou abençoada pela proteção divina por intermédio dos benfeitores espirituais, prosseguindo confiante e otimista.

Creio ser natural o que acontece nesta fase da vida. Vejo como uma preparação para o retorno inevitável ao mundo espiritual, e os que nesta vida constituíram minha família já estão, de certa forma, se desapegando e desatando os atuais laços familiares.

Permanecerão, contudo, os elos de amor, indissolúveis!

Coragem moral

Amanhece... As brumas da noite que termina cedem lugar à luminosidade que o despertar da natureza impõe, refazendo a beleza de um novo dia.

O céu, de um azul suave e pálido, adornado de nuvens cor de rosa, em desenhos graciosos e arabescos que nos enlevam, conduz nosso pensamento ao Criador em agradecimento pela vida, pela beleza que nos cerca. E as suaves vibrações de paz e amor chegam até nós como orvalhos de luz e bênçãos.

Nasce mais um dia neste tempo de luzes e cores, felicitando nossos corações com renovadas esperanças num mundo de paz e amor.

Esses pensamentos que nos levaram a reflexões em torno do viver e do sofrer colocam-nos frente a frente com a lógica e a racionalidade dos conceitos espíritas que explicam os infortúnios, as dores e todas as violências que geram sofrimentos intensos nos dias atuais.

Todos sofremos. Somos provados, testados por lutas e obstáculos que visam ao nosso crescimento espiritual. Também estamos em processo de reajuste e reparação de erros passados, expiando, diante da Lei divina, a semeadura do ontem que resulta nas dores acerbas do presente.

Infelizmente, nem todos os indivíduos estão preparados para suportar com resignação e sem queixumes o sofrimento. Cada ser reagirá à dor de acordo com o seu grau de evolução. Sua visão da existência influenciará sua capacidade de suportar as dores morais e físicas por que tenha que passar.

Esclarecendo bem o posicionamento de cada um na escolha das provas e dificuldades no processo reencarnatório, Allan Kardec pergunta aos Espíritos superiores na questão 264:

> O que guia o Espírito na escolha das provas que queira sofrer?

E obtém a seguinte resposta:

> Ele escolhe, de acordo com a natureza de suas faltas, as provas que o levem a expiá-las e o façam progredir mais depressa (KARDEC, 2007, cap. VI, q. 264).

Ante o imperativo da lei e o desejo sincero de reparar seus erros, o Espírito escolhe com discernimento o que melhor se enquadra em sua linha de progresso moral, mas, infelizmente, após a reencarnação, o véu do esquecimento lhe tolda a visão mais ampla de seu destino e, não raras vezes, desanima e recua ante as dores cruciantes que lhe chegam, revoltando-se contra os desígnios de Deus.

A visão materialista da vida infunde em seu espírito a indiferença moral, e ele perde longo tempo na busca dos prazeres materiais, esquecido dos compromissos assumidos quando se preparava para retornar à Terra.

A Doutrina Espírita nos dá subsídios para sofrer sem desespero, ensejando-nos um raciocínio mais amplo acerca das dores, das decepções, dos problemas que dificultam nossa caminhada.

Há vários tipos de sofrimentos, e as reações às dores morais ou enfermidades físicas apresentarão variações e diferentes graus de intensidade. Podemos enumerar os mais comuns em nossa vida de relação. Manifestam-se quando:

- Vivenciamos a perda de pessoas amadas;
- Defrontamo-nos com parentes difíceis e amigos que complicam nossas vidas;
- Sofremos doenças irreversíveis na solidão e no abandono;
- Mudanças bruscas, com prejuízos morais, sociais ou materiais, abalam a estrutura familiar;
- Impedimentos físicos ou morais afastam-nos dos que amamos;
- Experimentamos ingratidões e abandono;
- Vivemos dificuldades e falta de apoio no enfrentamento das crises morais.

Essas situações tão comuns em nossas vidas, muitas vezes, desagregam laços de fraternidade, induzem os menos fortes ao abandono das tarefas no bem e os colocam marginalizados, entregues ao desânimo e sem um suporte moral para prosseguir.

Crescem os conflitos familiares e as separações. E as inseguranças se sobrepõem ao que antes constituía a base, o alicerce do lar, agora em desalinho.

Muitas vezes, por motivos egoístas, os indivíduos deixam-se levar pelas ilusões das conquistas materiais e dos prazeres fúteis, distanciando-se do dever e da fraternidade, dos compromissos assumidos com a família.

Entretanto, quando somos detentores do conhecimento espírita, confiamos no amor infinito de Deus e reforçamos os elos de amor que nos induzem a suportar com serenidade íntima os infortúnios decorrentes de nossa incúria ou insensatez.

Uma das dificuldades maiores que encontramos é o convívio com irmãos que lesamos ou cujas vidas complicamos no passado, o que gera situações embaraçosas que somente o amor e a compreensão ajudarão a suavizar.

Todo sofrimento, todas as dores morais são provações e testemunhos que escolhemos para fixar em nosso mundo íntimo os valores espirituais necessários ao nosso progresso na linha da evolução.

Somos testados todos os dias ante os desafios do caminho que exigem de nós paciência, renúncia e abnegação.

Nas reencarnações compulsórias, não tivemos ensejo de escolher, entretanto, naquelas em que solicitamos as provas necessárias ao nosso progresso moral, nada foge ao imperativo da lei e existe todo um planejamento espiritual.

Confortados pelo conhecimento das vidas sucessivas e da Justiça divina, nosso fardo será mais leve e as aflições do caminho não nos deixarão desanimados e amargurados.

Assim, querido leitor, quando a dor se abater sobre seu coração, não desanime, confie em Deus e seja paciente. Aguarde a resposta de Deus às suas preces e não permita que a revolta e o inconformismo perturbem seu mundo íntimo.

Seja sempre instrumento do bem, apesar das lágrimas vertidas na solidão das horas difíceis.

Olhe o futuro que o aguarda...

As vidas se sucedem com novas chances de superar as dificuldades.

Há um mundo infinito de bênçãos e oportunidades para todos nós.

Vale a pena viver quando se ama.

Antes de nos preocuparmos demasiadamente com o conforto material, acomodando-nos a uma vida sem desafios, devemos buscar as luzes da redenção espiritual, mesmo que isso nos custe lágrimas, dores acerbas, porque, assim procedendo, semearemos, hoje, a felicidade futura.

Exercite o amor em seu lar ao lado dos que caminham com você e, muitas vezes, causam problemas e decepções ao seu coração, dos que se mostram ingratos e sem paciência diante das menores tribulações.

Esses o levaram ao exercício correto das virtudes que precisa desenvolver para aplicá-las, depois, em outras áreas em que, certamente, será chamado a servir na escola da vida.

Deixe seu coração sentir a beleza das oportunidades que o mundo apresentará para você todas as vezes que os seus sentimentos mais nobres, exteriorizados, conseguirem superar as lutas e as sombras que tentarem toldar seus pensamentos, gerando desalento e desânimo. Como o vencedor que após a batalha sente em seu íntimo a paz do dever cumprido, você conquistará o equilíbrio moral e a coragem de seguir seu caminho, defrontando novas lutas, mas seguro de que vai vencê-las usando as armas insuperáveis do amor e do perdão.

Portanto, meu irmão, não se deixe levar pelo pessimismo de que nada vale a pena porque algumas pessoas não o compreendem, e seu lar, antes coroado pela felicidade, hoje está sob o aguilhão da dor e do desalento.

Assim como o Sol dissipa as brumas da noite e ressurge a cada novo dia, dourando a natureza que nos cerca, poderemos dissipar as nuvens da incompreensão, do desespero, da amargura, acendendo em nossos corações as luzes da esperança, do amor e da confiança em Deus.

O futuro de bênçãos que o esperam mostrará o quanto você foi corajoso e acreditou no insuperável amor de Deus por todos nós!

Crise em família — dependência química e outras drogas

HÁ ALGUM TEMPO, quando o uso das drogas ainda não havia tomado a gravidade assustadora dos tempos atuais e, consequentemente, causado males incontáveis às famílias aturdidas diante desse fato no próprio lar, vivenciei um acontecimento que pretendo narrar para você, estimado leitor.

Na década de 1980, eu trabalhava no hospital e havia uma sala no andar térreo onde era colocado o paciente recém-desencarnado até que as providências de remoção fossem concretizadas.

Certo dia, descendo a rua para alcançar a avenida que me levaria ao lar, verifiquei que, na porta dessa sala, havia uma mulher cujo semblante chamou minha atenção. Estacionei meu carro e fui ao seu encontro, movida pelo desejo de confortá-la. Eu já tomara conhecimento do óbito ocorrido por overdose de um jovem naquela manhã e deduzi, com acerto, que ela seria sua mãe.

Cumprimentei-a e falei de meus sentimentos pela morte de seu filho. Ela simplesmente disse: "Graças a Deus ele morreu..."

Fiquei um tanto desarmada com sua resposta. Desejando realmente ser fraterna e solidária em sua dor, tentei manter uma conversação. Fiz alguma pergunta na esperança de que falasse mais de seu filho, de sua dor e, assim, eu realmente pudesse ajudá-la.

Observei que seu rosto denotava cansaço, amargura, desilusão e nenhuma lágrima descia de seus olhos distantes e opacos. Envolvi-a em vibrações de compreensão e, mentalmente, orei, solicitando que seu coração de mãe recebesse o alento, o conforto de que necessitava.

Sem chorar ou manifestar qualquer sentimento de dor, ela começou a falar. Descreveu sua vida, suas perdas, todo o inferno em que vivia atormentada pelo filho dependente de drogas que chegou ao ponto de vender o que possuíam no lar modesto para conseguir manter seu vício, roubando e maltratando as pessoas.

Descreveu, durante alguns minutos, o drama de sua vida desde que o marido faleceu, quando o jovem já era adolescente, e o vício que levou seu único filho à loucura, maltratando-a, exigindo sempre dinheiro e, quando ela não conseguia atender suas solicitações, espancava-a covardemente.

As internações em clínicas não resolveram o problema, e ele saía pior e mais desorientado ainda, perseguido pelos traficantes que o ameaçavam de morte se não conseguisse saldar seu débito para com eles.

Finalmente, externando sua amargura e todo o sofrimento por que vinha passando, ela exclamou aliviada: "Agora meu filho vai ser tratado como precisa porque Deus sabe o que melhor nos convém e o levou para que eu, também, não enlouquecesse e tivesse um pouco de paz!" E concluiu: "A senhora pode estranhar eu não estar sofrendo como as mães que perdem seus filhos... Estou livre de tanto sofrimento e já não podia fazer mais nada por ele... Deus é bom e vai cuidar de meu filho..."

Retornei ao meu lar e fiquei muitos dias pensando naquela mãe sofrida, de alma simples, sem condições de ajudar o filho que morrera recentemente, mas com uma fé em Deus que apaziguava seu mundo íntimo e a sustentava naquela dor imensa.

Escrevi alguns artigos para revistas espíritas, organizamos com outros companheiros da Casa Espírita seminários sobre o assunto e meu coração se aliviou um pouco, contudo, jamais esqueci o rosto amargurado e infeliz daquela mãe que havia perdido seu único filho. Com o tempo, fui compreendendo sua dor, seu abatimento diante da onda avassaladora que destruiu seu lar, seus sonhos e a alegria de viver!

Incluindo neste livro um capítulo sobre dependência química, desejo ressaltar o valor dos recursos espíritas empregados na minimização de tão grave problema e contribuir com algo que nos leve a reflexões mais profundas em torno da família em crise, quando um dos componentes do grupo é vítima da drogadição.

Considero oportuno falar desse assunto neste momento em que muitos apregoam as vantagens que adviriam da liberação das drogas, admitindo mesmo que isso viria a coibir a ação dos usuários e, consequentemente, uma diminuição do consumo.

Entretanto, não considero que tal conduta seja a ideal para quem deseja realmente eliminar a propagação de tão nefasto mal.

O consumo de bebida alcoólica e de fumo, que são drogas liberadas, cuja propagação a mídia incrementa de forma imperdoável, cresce a cada dia. Assistimos, nos dias atuais, a jovens de ambos os sexos começarem mais cedo a criar dependências progressivas que vitimam muitos deles antes de alcançarem a maturidade física e emocional.

Se a ação proibitiva fosse um fator de aumento do consumo, as drogas liberadas não seriam tão usadas. A venda de bebidas alcoólicas teria diminuído nos últimos anos.

Infelizmente, há um jogo de interesses e explorações vantajosas que motivam o desregramento atual, embora muitos órgãos do governo estejam aliados aos que procuram uma solução para extirpar esse mal que atinge toda a humanidade.

Entretanto, vamos nos ater à análise da droga no âmbito familiar e suas consequências nocivas ao corpo físico e ao psiquismo.

Como poderemos enfrentar esse problema e como proceder adotando medidas profiláticas que impeçam o uso da droga?

Muitos pais não compreendem a diversidade do comportamento dos filhos da forma diferenciada como aceitam as orientações e os cuidados que lhes são dispensados para que cresçam com equilíbrio e responsabilidade. Sem a compreensão das vidas sucessivas e dos compromissos assumidos no plano espiritual, fica muito difícil para os pais um entendimento real das tendências de determinado filho.

Mas a Doutrina Espírita aclara o conceito de família e seus problemas vivenciais. Recomendando a busca da espiritualidade e a compreensão do sentido existencial, nos leva a reflexões mais demoradas em torno do sofrimento e aponta-nos o caminho e as soluções.

Reconhecemos que os vícios morais comprometem muitas consciências e andam lado a lado com as dependências de toda ordem.

Os filhos difíceis, os que enveredam por caminhos tortuosos da dependência química, são aqueles cujo caráter deformamos em vida passada ou a quem incitamos a erros que poderiam ter sido evitados se tivéssemos cuidado deles, assumindo as responsabilidades que nos competiam. Hoje retornam para que os ajudemos a superar suas dificuldades e retomem as diretrizes de uma vida harmoniosa e saudável. No entanto, é árdua essa tarefa e nem todos os pais conseguem assumir com amor e tolerância as faltas que cometem os filhos rebeldes e, impacientes, os abandonam ou desanimam diante das consequências graves que surgem em suas vidas.

> Esses filhos problematizados, com certeza, são companheiros provenientes de desatinadas experiências ou de regiões espirituais de sofrimento e de purgação, ou de faixas psíquicas infernais, exatamente para os seus braços

e para as suas atenções, uma vez que, perante a Espiritualidade maior, você comprometeu-se em auxiliá-los com tudo o que estivesse ao seu alcance (TEIXEIRA, 1991, cap. 17).

Com um entendimento mais amplo e assumindo o compromisso de ajudar o filho viciado ou dependente químico, os pais espíritas terão os recursos válidos que a Doutrina Espírita concede. Principalmente, compreenderão a vinculação espiritual existente entre ele e os Espíritos que se apegam à mente do usuário para sorver as emanações fluídicas negativas e entorpecedoras, seja do álcool ou de outras drogas.

Compreenderão também que, sem o afastamento da causa espiritual, fica mais difícil a libertação do dependente, principalmente quando ele passa do uso permissivo da bebida alcoólica para uma droga mais nefasta que dizima com rapidez seu organismo físico e desequilibra sua mente.

Vamos analisar alguns procedimentos que os pais e a família cristã poderão usar como profilaxia desse mal que cresce assustadoramente e corrompe o jovem, levando-o depois, na fase adulta, a ser escravo dessa dependência que comprometerá seriamente seu psiquismo, sua vida familiar, social e seu futuro espiritual:

¶ Primeiramente, abandonar a ideia de que esse problema não vai acontecer em sua família e estar sempre atento e ser amigo de seu filho, dialogando, esclarecendo, dando abertura para que ele se sinta confiante e seguro ao lhe falar de seus problemas.

¶ Exemplificar com atitudes saudáveis, evitando o uso de bebidas alcoólicas e fumo para que seu filho não se habitue a essas práticas nocivas, considerando-as inofensivas ou normais.

¶ Esclarecer e mostrar os resultados graves trazidos pelo uso de drogas que poderão levar à loucura e à obsessão espiritual.

¶ Levar seu filho a observar os jovens usuários de drogas e suas atitudes em desalinho, os quais se tornam pessoas tristes, sem ânimo para o estudo ou trabalho, fracos, violentos, que dizimam a energia física na mocidade e caminham para a morte prematura.

❧ Esclarecer, ainda, que, em primeiro lugar, morrem os sonhos e desaparecem os projetos de vida para, finalmente, sucumbir na exaustão física e na morte por overdose ou acidente grave. Contudo, o sofrimento não cessa com a desencarnação porque, no mundo espiritual, sofrerá, ainda, as consequências danosas desse hábito infeliz, em processo de vampirização.

❧ Ensinar que são fixadas no perispírito todas as faltas cometidas, todos os abusos, desarticulando as energias e os centros de equilíbrio que redundarão em futuras reencarnações com problemas a serem solucionados até que a alma possa buscar a regeneração das forças físicas e espirituais lesadas pelo uso da droga.

❧ Orientá-lo a recusar sempre o convite para o uso de drogas e, quando não conseguir resistir, que confie nos pais e fale do problema logo no começo. Ficará mais fácil livrá-lo daqueles que o incitam ao uso e buscar tratamento conveniente.

❧ Observar sintomas que poderão demonstrar que seu filho está usando droga, como mudança de comportamento, indiferença ao que o cerca, desinteresse pelos estudos, abandono da prática do esporte preferido, mudança nos hábitos alimentares, desleixo consigo mesmo, com suas vestes, insônia etc.

❧ E além dos cuidados acima, dialogar e acompanhar o filho sempre que possível, conhecer seus amigos, evitar que a liberdade excessiva dos dias atuais perturbe seu desenvolvimento moral.

O uso de drogas poderá ser o resultado de um lar desestruturado onde o jovem não encontra o respaldo necessário para superar as dificuldades da fase de transição para a vida adulta, quando necessita do exemplo dos pais, do aconselhamento e do apoio para se sentir protegido e amado.

Muitos Espíritos estão reencarnando na Terra, em processo de resgate e ensejo de aprimoramento moral, após a permanência mais demorada no mundo espiritual, sendo almas comprometidas com desvios morais, antigos exploradores e usuários de drogas rebeldes, despertados para uma nova oportunidade de ressarcimento de débitos. E se não encontrarem um lar que os acolha e oriente devidamente, poderão incorrer em antigas faltas.

Daí a grande responsabilidade dos pais diante desses filhos difíceis que criam problemas de toda ordem e se diferenciam dos demais em suas atitudes, seja no âmbito familiar, seja no meio escolar e social.

Sabemos que a primeira responsabilidade de quem se deixa dominar pelo uso da droga é do próprio indivíduo, mas não podemos esquecer que, na infância e na adolescência, a maior responsabilidade é dos pais invigilantes e desatentos aos cuidados que deverão dispensar aos filhos.

Infelizmente, em muitos lares, há uma excessiva preocupação com o sucesso material do filho, das aquisições e dos destaques na sociedade em detrimento da educação moral com os valores que o levem a uma conduta sadia e cristã na vida social.

Outros têm cuidados excessivos na área da sexualidade, analisando se o filho ou filha está dentro dos padrões estabelecidos pela família, se as notas no colégio são as melhores, se na competição esportiva foi destaque, se as roupas são de grife, etc.

E, infelizmente, descuidam do que é mais importante: demonstrar que somos Espíritos imortais destinados a progredir moralmente, buscando o verdadeiro sentido existencial por meio da espiritualidade e da educação dos sentimentos.

Enfim, se amamos nossos filhos e desejamos o melhor para eles, devemos envidar esforços para que compreendam o sentido existencial e os objetivos da reencarnação. Como espíritas, sabemos, por meio das instruções dos benfeitores espirituais, que os valores que os farão felizes não são os bens perecíveis da vida.

> Para uma equilibrada orientação dos filhos, sem qualquer intenção de apostilar comportamentos ou de determinar isso ou aquilo, será de validade atentarmos para alguns pontos importantes, tais como: a consciência da

presença de Deus em nossas vidas; o respeito à vida atual, estendendo ao corpo os cuidados necessários; o respeito a si mesmo como integrante e atuante no processo social, conscientização que se esboça pouco a pouco [...]. (TEIXEIRA, 1991, cap. 15).

Com essa linha de pensamento, não nos desesperaremos nem assumiremos condutas contrárias ao amor e ao entendimento maior. Buscaremos na prece e nos recursos médicos e espirituais a ajuda de que necessitem.

São tantos os conselhos e as advertências que poderão evitar que seu filho use droga, tantos avisos, tantas correções e regras, mas nos perguntamos sempre que surge o problema: onde há falha dos pais, o que fizeram na educação de seu filho que não deu certo?

Não nos cabe julgar, mas cada um saberá responder a essa pergunta se estiver sinceramente imbuído do desejo de ajudá-lo.

Poderão ser muitos os erros e os enganos cometidos pelos pais, mas citaremos apenas os mais comuns:

- Fumar e beber demasiadamente;
- Não acreditar no filho e duvidar de suas narrativas, de suas conquistas na escola ou junto aos amigos;
- Policiar demasiadamente suas atitudes;
- Agir com violência e atitudes agressivas diante de qualquer suspeita;
- Não ter disciplina e não estabelecer limites e regras para que ele se sinta protegido e seguro.

Ao contrário, a melhor conduta será:

- Dar liberdade, mas também responsabilidades com horários estabelecidos, incentivando-o a ajudar nas tarefas da casa, a cuidar de seus pertences e conhecer os limites para seus desejos de consumo.
- Não exagerar nos agrados com presentes caros e cartões de crédito sem que haja, por parte do filho, maturidade para o uso.

Leciona-nos Emmanuel:

> Lembremo-nos da nutrição espiritual através de nossas atitudes e exemplos, avisos e correções, em tempo oportuno, de vez que desamparar moralmente a criança, nas tarefas de hoje, será condená-la ao menosprezo de si mesma, nos serviços de que se responsabilizará amanhã (XAVIER, 2009, cap. 157).

E quando seu filho já estiver comprometido como usuário de drogas e dependência química, procure armar-se de compreensão e amor para adotar as medidas corretas e equilibradas que poderão ajudá-lo.

Ameaças e atitudes agressivas não resolverão o problema, mas usar de todos os recursos que possam minimizar a problemática tanto no aspecto físico quanto no moral.

É sempre oportuno e urgente buscar:

- Ajuda médica e terapias adequadas. Internação em clínica especializada, se for necessário.
- Amá-lo ainda mais e agir para que ele se sinta amado mesmo com esse comportamento para que possa ser estimulado a vencer a drogadição.
- Tratamento espiritual: fluidoterapia, diálogo fraterno, recursos psicológicos na visão espírita.
- Utilizar-se do Evangelho de Jesus e orar em família para que a ambiência do lar seja resguardada de novas investidas de Espíritos que desejam desequilibrá-lo.
- Laborterapia como forma de ajudar as famílias carentes que tenham filhos nas mesmas condições.
- Redobrar atenções, carinho e diálogo fraterno com o filho necessitado de compreensão.
- Confiar nele e dizer sempre que vencerá esse obstáculo e suas más tendências com força de vontade e muita fé em Deus.
- Lembrar sempre que, além das drogas que viciam o corpo, existem os tóxicos corrosivos do ódio, da inveja, da maledicência, do

orgulho, do egoísmo que denigrem a alma e viciam a mente em desequilíbrio, acarretando malefícios incontáveis para quem se mantém escravo da invigilância moral.

> Existem muitos seres humanos que andam, porém são paralíticos para o bem, encontrando-se mutilados morais, dessa maneira sem interesse por movimentarem a máquina orgânica de que se utilizam para a própria edificação como a do próximo. Caminham e seus passos os dirigem para as sombras, a que se atiram com entusiasmo e expectativas de prazer, imobilizando-se nas paixões dissolventes que terão de vencer... Há outros que pensam, mas a alucinação faz parte da sua agenda mental: devaneando no gozo, asfixiando-se nos vapores entorpecentes, longe de qualquer realização enobrecedora. Intoxicados pela ilusão dos sentidos, não conseguem liberar-se das fixações perniciosas que os atraem e dominam. [...] Jesus é, portanto, o grande restaurador, mas cada espírito tem o dever de permitir-se o trabalho de autorrenovação em favor da própria felicidade. A sua voz continua ecoando na acústica das almas: "Vinde a mim, [...], e eu vos aliviarei!" (MATEUS: 11:28). É necessário, porém, ir a Ele... (FRANCO, 2012, cap. 10).

Portanto, busquemos em Jesus e em seu Evangelho de amor a luz que oriente e direcione nossas atitudes no lar e na sociedade para que possamos enfrentar os percalços do caminho com seriedade e discernimento, buscando sempre na prece o alimento indispensável para nossas almas e o apoio de que necessitemos em horas de dificuldades e lutas redentoras.

E, finalizando este capítulo, transcrevo um trecho do livro *Amanhecer de uma nova era*, psicografia de Divaldo Franco, em que Manoel Philomeno de Miranda descreve uma visita que a equipe espiritual, liderada pelo benfeitor Bezerra de Menezes, fez à cracolândia de uma cidade aqui na Terra, em missão socorrista:

> Vivemos — explicou-nos ele — no mundo o período da drogadição, evocando a figura simbólica de um dos quatro cavaleiros do apocalipse de João, sendo que as crianças e os jovens são vítimas inermes mais prejudicadas, embora a epidemia alcance todos os níveis de idade e segmentos sociais. Punge-nos os sentimentos a situação deplorável dos viciados, que se permitem a enfermidade moral que os destrói de maneira perversa e contínua. [...] Revistamo-nos de

compaixão e do sentimento solidário de caridade, a fim de nos adentrarmos nessa comunidade de desditosos, forrados pelos elevados propósitos do auxílio e da ternura espiritual, perguntando-nos, no imo da alma: Que faria Jesus em nosso lugar, caso aqui estivesse? (FRANCO, 2012, cap. 17).

Confiemos, portanto, na assistência espiritual que chegará para cada um de nós sempre que estivermos a serviço do Mestre, buscando sempre a terapia do amor e da tolerância no trato com enfermos da alma, principalmente no reduto sagrado do lar terrestre.

Modo de sentir

Observando o progresso da humanidade sob o aspecto material, verificamos que já caminhamos muito em conquistas que facilitam a existência, proporcionando-nos maior conforto e segurança.

A comunicação e a tecnologia surpreendem-nos com suas constantes inovações, os métodos de pesquisa na área médica são extraordinários e avançamos na formulação das leis sociais que tentam eliminar as diferenças e garantir os direitos humanos, a liberdade de expressão e a integração de todos na comunidade.

Discordando dos que consideram insolúveis os problemas humanos decorrentes da falta de respeito ao próximo e dos desmandos sociais e políticos, acredito que estamos caminhando para novos patamares e tornando-nos mais sensíveis que as gerações que nos antecederam.

Lento, mas progressivo, tem sido o desenvolvimento moral.

Sabemos que esse caminhar para novas posições que realmente nos engrandeçam e nos façam felizes demanda coragem e discernimento.

Creio mesmo que as alterações no modo de sentir são profundas e que todo o esforço dos idealistas e líderes religiosos de todos os tempos não foi em vão, quando nos apontam direções e ampliam a visão humana em torno da realidade existencial.

Olhando as civilizações que nos antecederam, sem muitos recuos na voragem do tempo, notamos que estamos melhorando, embora muitos persistam nos erros e nas experiências que embrutecem o ser humano e o distanciam da humanidade real.

Tudo decorre da maneira como nos sentimos frente ao próximo, na vida de relação e nos ideais que acalentamos.

É uma interpretação que tem respaldo nas mensagens e exortações espirituais que nos chegam, advertindo-nos e orientando-nos nesta fase crítica da transição planetária.

Quando falamos em civilização, entendemos que se enquadram nessa classificação os povos que respeitam os direitos humanos, que não agem impunemente contra a vida do próximo, que elaboram leis que garantam o exercício pleno da liberdade de expressão, que não aplaudem a exorbitância do poder quando este oprime os mais fracos e marginalizados.

Emmanuel nos leciona que: "Só pela renovação íntima progride a alma no rumo da vida aperfeiçoada. [...] Crescer em bondade e entendimento é estender a visão e santificar os objetivos na experiência comum." (XAVIER, 2009, cap. 67).

Não temos condições de avaliar o progresso da humanidade em sua caminhada se nos detivermos apenas na análise das surpreendentes conquistas materiais em todas as áreas. Nossa percepção terá que ir além, na aferição dos sentimentos, das atitudes diárias, dos métodos de ensino, da humanização que todos nós buscamos imprimir nas instituições de todos os gêneros. E, principalmente, no modo de sentir que se aprimora em muitos corações que já incorporam os ensinamentos de Jesus em suas vidas, buscando o exercício do amor, do perdão e da tolerância.

Tão difícil a compreensão, o respeito e a humildade diante dos que não pensam como nós, dos que ainda se comprazem em fazer o mal, prejudicando, caluniando, investindo contra os que estão em paz e já se ocupam dos labores que visam à caridade e ao amor sem discriminações!

Emmanuel nos leva a profundas reflexões em torno de nossas ações e sentimentos na análise dos sofrimentos e dificuldades no percurso atual:

> Vives sitiado pela dor, pela aflição, pela sombra ou pela enfermidade? Renova o teu modo de sentir, pelos padrões do Evangelho, e enxergarás o propósito divino da vida, atuando em todos os lugares, com justiça e misericórdia, sabedoria e entendimento (XAVIER, 2009, cap. 67).

A vida prossegue em sua romagem evolutiva. Todos nós, integrados na escala do progresso moral, vimos, ao longo dos milênios, aperfeiçoando e conquistando os valores que nos enaltecem consoante a sábia Lei divina, vivenciando, nestes dias, uma das fases mais importantes desse percurso.

Conscientes de nossos deveres e dos recursos para uma vida mais feliz e harmônica, cresce nossa responsabilidade diante do que nos aguarda se não conseguirmos nos sobrepor aos entraves que tentam obstar nosso avanço para o novo ciclo — da regeneração — que se aproxima. O egoísmo continua a ser a maior chaga moral da humanidade que estertora nestes tempos de grandes tribulações.

Todavia, muitos de nós sabemos o caminho seguro para essa conquista moral. O Mestre Jesus nos legou, há mais de dois milênios, a diretriz segura para edificar o Reino dos Céus que faz morada em nossos corações, quando atingimos a plenitude da paz e do amor, emoldurando a vida.

Na vida familiar, principalmente, somos testados a cada momento em nosso posicionamento perante os deveres que Deus nos confiou, na estrutura do lar, na educação dos filhos, no encaminhamento de cada um deles, abastecidos das lições morais transmitidas com nosso exemplo e cuidados, para que caminhassem com maior segurança pela vida adulta.

Nem todos conseguem, sem as experiências do sofrimento e as decepções do mundo ilusório que os atrai, vencer todos os óbices na linha do progresso moral, mas fica no coração a semente que, certamente, germinará e produzirá bons frutos em tempo oportuno.

Nos derradeiros anos de minha vida, tenho o coração em paz e iluminado pela esperança...

Diante de meus olhos, contemplando a natureza neste entardecer, acompanho o caminhar lento, mas constante, das nuvens no céu, guindadas pelo vento...

Se existem leis que regem esses fenômenos naturais, não estamos caminhando sem um roteiro definido na linha do progresso moral e da evolução a que estamos todos destinados.

E penso em todos nós...

Certamente, não estamos voejando sem rumo...

Caminhamos sob a bússola segura do amor de Jesus que nos aguarda pacientemente nesta fantástica aventura que se chama VIDA.

"Quem quer ser amado, ame"

GANDHI, O MISSIONÁRIO da paz e da não violência, que viveu no século passado, deixou lições de vida para todos que almejam o progresso moral da humanidade, sem guerras, sem preconceitos, sem dissensões.

Numa das inúmeras entrevistas que concedeu, encerrou com uma frase que, atualmente, a Internet propaga em *sites* e por *e-mail* (sem informar as fontes de referência) e tem grande significado, como tudo o que ele falava: "Quem quer ser amado, ame".

Frases e mensagens desse grande líder indiano tratam do essencial para sermos felizes e vencermos as dificuldades com fé e coragem, por meio do autoconhecimento e da pacificação:

> Se pudesse deixar algum presente a você, deixaria aceso o sentimento de amor à vida dos seres humanos. A consciência de aprender tudo o que nos foi ensinado pelo tempo afora. Lembraria os erros que foram cometidos, como sinais para que não mais se repetissem e a capacidade de escolher novos rumos. Deixaria para você, se pudesse, o respeito àquilo que é indispensável: além do pão, o trabalho, a ação. E quando tudo o mais faltasse, para você eu deixaria, se pudesse, um segredo: o de buscar no interior de si mesmo a

resposta para encontrar a saída (GANDHI. Mensagens postadas no JB Wiki — Jornal do Brasil).

Consoante o pensamento espírita, em lições e mensagens primorosas, Joanna de Ângelis nos fala o mesmo, indicando-nos o caminho de nossa libertação espiritual na busca das soluções pelo autoconhecimento, pela autoconsciência, para realizarmos o que nos compete diante do dever.

Nesse adentrar em nós mesmos, depois de percorridas as fases da introspecção, da análise e do desejo sincero de alterar rumos ou comportamentos que dificultam nosso crescimento espiritual, conquistamos a paz e a autenticidade.

É essencial, portanto, deixarmos as máscaras que ocultam nossa realidade como seres humanos e usar da transparência e da sinceridade ao nos expormos diante de nós mesmos, de nosso próximo e da vida em geral.

As atitudes e os exemplos que poderão advir desse descobrimento redundarão em consequências benéficas para todos os que compartilham nossa vida.

> Descobrir-se humano, susceptível de erros e de acertos, constitui um passo decisivo para a vivência da autenticidade [...]. O indivíduo é um ser especial, cada qual é único e as suas são experiências intransferíveis. Por isso, necessita autovalorizar-se, dentro das medidas exatas da sua realidade, evitando-se a exaltação, mas também a subestima (FRANCO, 2005, cap. 24).

Temos, todos nós, a dualidade da sombra e da luz. Cabe-nos desvelar o lado positivo, nossas possibilidades de enfrentamento e aceitação de nós mesmos, lutando para vencer as dificuldades que o egoísmo, o orgulho e a insensatez produzem em nossos relacionamentos e atitudes. Não permitir que o lado sombra sobressaia, ofuscando nossa vontade, levando-nos ao desânimo ou à acomodação diante dos maiores entraves ao nosso desenvolvimento moral.

O objetivo de estarmos aqui, em mais um ciclo, nas vidas sucessivas é o progresso moral. Para atingirmos essa meta, é importante trabalhar nossos pontos negativos, vencer os inimigos soezes que nos acompanham e habitam esse mundo íntimo, capazes de prejudicar o planejamento espiritual.

Nossa destinação é o amor, a paz, a plenitude.

É longa a caminhada, difícil o acesso que nos levará ao cume da montanha que, altaneira, nos aguarda, pontificando o reino dos céus, apregoado por Jesus. Mas já sabemos que ele está dentro de nós e nos aguarda após a vitória contra as imperfeições morais que dificultam nossa harmonia e a conquista espiritual.

Sem pressa, mas de forma constante, lutamos sempre, sem esmorecer, para vencer tudo o que nos impede de vivenciar as lições edificantes do Evangelho de Jesus.

Joanna de Ângelis nos leciona:

> Não deves viver na busca atormentada do amor e do êxito, transformados em metas essenciais. Antes, impõe-te o compromisso de ser coerente contigo mesmo, selando com autenticidade os teus atos, isto é, agindo sempre com correção, permitindo que o tempo e as circunstâncias facultem-te o momento de despertamento interior para a harmonia (FRANCO, 2005, cap. 24).

A vida é como um espelho. Reflete nossa realidade, nossos atos e nossos anelos. Ela nos mostra com fidelidade o que realmente somos e apresenta o reflexo de nossas ações, que retornam para nós como indicadores de nossa posição moral e de nosso crescimento.

Se amarmos e projetarmos amor, ela nos devolverá o que semeamos em atos de bondade e compreensão.

Se formos sinceros e autênticos na vida de relação, ela nos presenteará com a sinceridade dos que compartilham nossos momentos da existência terrena.

Se, ao contrário, nos mostramos perversos e insensíveis ao sofrimento alheio, a vida nos devolverá a indiferença e a maldade como consequências de nossos atos indignos.

Preconizando a verdade, o amor e a imortalidade, Jesus nos indicou o caminho, alertando-nos de que somente teríamos paz quando vencêssemos o mundo, a começar dentro de cada um de nós.

O importante, portanto, é nos revestirmos de bondade e amor, edificando nossa vida no que já temos de melhor. Refletir o que somos e, pela sinceridade, conquistar a harmonização de nosso mundo interior e a paz tão almejada.

Na medida em que nos tornamos confiantes na Misericórdia divina, que sempre conduz nossas vidas dentro de uma programação adequada ao nosso crescimento espiritual, manteremos a serenidade diante das lutas e percalços do caminho.

Não nos permitamos momentos de queixa nem de lamentação.

Sempre encontraremos algo positivo, mesmo quando defrontamos com experiências difíceis ou problemas que nos dificultam a caminhada.

As recordações dos dias felizes que já não retornam mais não nos deixam amargos diante da vida atual.

Não transferimos para os outros nossas responsabilidades nem os culpamos de nossas desditas ou infortúnios, compreendendo que somente seremos felizes se encontrarmos a solução para o que nos angustia e infelicita.

No grupo familiar, não devemos exigir considerações ou favores, contentando-nos com o que possuímos e procurando sempre ser úteis aos que nos procuram.

Enfim, respeitando a liberdade dos outros como desejaríamos que respeitassem a nossa diante de nossas escolhas, nossos direitos e deveres assumidos.

Conscientes de que a família reúne os Espíritos que refletem nossas vivências anteriores, felizes ou infelizes, que hoje retornam, teremos no exercício da paciência, aliada ao amor incondicional, as ferramentas capazes de libertar nossa consciência para uma vida plena e construtiva.

Creio que essa maneira de viver facilita a convivência familiar e nos dá melhores condições de amar e sermos amados, compreendidos e compreender sempre os que amamos.

> Temos assim, no grupo doméstico, os laços de elevação e sintonia que já conseguimos tecer, por intermédio do amor louvavelmente vivido, mas também as algemas de constrangimento e aversão, nas quais recolhemos de volta os *clichês* inquietantes que nós mesmos plasmamos na *memória* do destino e que necessitamos desfazer, à custa de trabalho e sacrifício, paciência e humildade, recursos novos com que faremos nova produção de reflexos espirituais, suscetíveis de anular os efeitos de nossa conduta anterior conturbada e infeliz (XAVIER, 1991, cap. 12).

A nova geração — crianças do século XXI e seus talentos

Que razões levam uma criança a se destacar de uma maneira tão significativa sobre as demais a ponto de ser considerada superdotada?

Os talentos que denotam são cultivados ou naturais?

A Doutrina Espírita nos esclarece, pela lei da reencarnação, que essas crianças trazem, ao nascer, as aquisições culturais, intelectuais e morais de vivências passadas.

Nos últimos tempos, crianças com dotações artísticas, intelectuais e com níveis mais elevados de discernimento e ética têm surpreendido pela lucidez e firmeza com que expõem seus conhecimentos.

Outrora não havia uma compreensão mais nítida das crianças com mente mais desenvolvida e inteligência superior. Essas crianças eram discriminadas, incompreendidas e sofriam com a falta de adaptação ao meio em que nasciam.

Hoje já não sofrem tanto porque cresce, a cada dia, o número de crianças com nível de inteligência mais elevado que o comum e os recursos médicos, psicológicos e métodos educacionais evoluíram, possibilitando um entendimento mais amplo da criança.

Desde que comecei na Casa Espírita o Tratamento Espiritual da Criança (TEC), atendendo as que apresentam enfermidades físicas, psicológicas ou distúrbios de comportamento, passei a estudar, com muito interesse, os casos relatados e que levaram os pais a procurar ajuda. Naquela época, falava-se muito em crianças índigo e cheguei a ler um livro sobre esse assunto. As pesquisas que realizei sobre os casos que iam surgindo no TEC levaram-me a compreender melhor vários temas relacionados à fase infantil, inclusive o enfocado neste capítulo.

Falar, atualmente, de crianças com talentos especiais, na visão espírita, alarga o horizonte de nossas observações porque não se restringe a alguns fatos isolados, mas a inúmeros casos que vão surgindo não apenas no Brasil, mas em todo o mundo.

Há crianças com níveis de inteligência acima da média convencional que se destacam nas artes, na literatura, nas ciências e demonstram uma criatividade mais acentuada, utilizando os recursos modernos de comunicação, as redes sociais na Internet. Muitos casos são divulgados na mídia e nos surpreendem suas habilidades.

Ouvimos depoimentos de pais, de avós e responsáveis dessas crianças sobre o uso da linguagem, o aprendizado e a celeridade com que assimilam os ensinos escolares. Estão sempre à frente do que os professores ensinam e fazem com maior rapidez seus raciocínios e cálculos.

Concluímos que a Doutrina Espírita nos fornece subsídios mais completos que a psicologia moderna na explicação dos fatos porque avança além dos conceitos materialistas e demonstra que somente a reencarnação e a sobrevivência da alma explicam, racionalmente, as diversidades acentuadas das crianças que nascem mais aptas, melhores observadoras e com uma bagagem de conhecimentos que surpreende a todos.

Esperamos aclarar um pouco mais o assunto com a inclusão do pensamento espírita a respeito, desde a Codificação até nossos dias, com obras que analisam a transição planetária e o novo ciclo evolutivo que seguirá essa fase de grandes transformações.

Destacamos o lar como um fator importante e o primeiro núcleo de socialização da criança. Compete aos pais observar os filhos e, quando estes estiverem acima da média em inteligência e apresentarem conhecimentos que não correspondam à sua faixa etária convencional, procurar ajuda profissional para uma avaliação correta.

Infelizmente, ainda há certa incompreensão em torno das crianças com talentos especiais. Sendo muito inteligentes e ativas, poderão ser, erroneamente, catalogadas como hiperativas.

Os recursos para essa avaliação são amplamente divulgados e os psicólogos e pediatras saberão fazer a distinção entre as duas ocorrências, cabendo aos pais, desde cedo, esclarecer com esses profissionais e acompanhar corretamente o desenvolvimento da criança.

Allan Kardec, comentando a questão 385 de *O livro dos espíritos*, diz:

> Os Espíritos só entram na vida corpórea para se aperfeiçoarem, para se melhorarem. A fragilidade dos primeiros anos os torna brandos, acessíveis aos conselhos da experiência e dos que devam fazê-los progredir. É quando se pode reformar o seu caráter e reprimir seus maus pendores. Esse é o dever que Deus confiou aos pais, missão sagrada pela qual terão de responder. É por isso que a infância não só é útil, necessária, indispensável, mas também consequência natural das leis que Deus estabeleceu e que regem o universo (KARDEC, 2007, cap. VII, q. 385).

Devem, portanto, ser respeitadas.

Muitos cuidados serão dispensados às crianças com níveis mais elevados de inteligência e aptidões especiais porque nem sempre suas necessidades reais são atendidas ou compreendidas no lar e na escola.

Alguns profissionais da área da educação chegam a confundir sua falta de interesse pelos estudos com deficiência de aprendizado quando elas ficam dispersivas e sem atenção no decorrer das aulas. O verdadeiro motivo é, porém, a consciência de que tudo aquilo elas já sabem ou assimilaram mais rapidamente que as outras crianças na mesma classe.

Além desse comportamento, recusam-se a seguir certos padrões por apresentarem características bem diversas do nível comum de seus colegas. São sensíveis, emotivas, dispersas quando a tarefa não lhes desperta interesse, têm excesso de energia e métodos próprios de aprendizado. Geralmente, mostram-se arredias e frustradas quando suas ideias não são aceitas.

Alguns estudiosos do comportamento humano, principalmente nos Estados Unidos, têm se dedicado, nas últimas décadas, ao estudo dessas crianças, cujo número tem crescido em todos os países do mundo.

Na visão espírita, encontramos uma explicação lógica para o aumento do número de crianças bem dotadas intelectualmente e podemos discernir com maior facilidade o nível moral em que cada uma se encontra, observando seu comportamento e analisando suas tendências e aptidões.

Várias denominações têm sido dadas a essas crianças com um notável nível de desenvolvimento intelectual, como: crianças índigo, crianças cristal, crianças prodígio ou crianças com talentos especiais. As variações não importam, e sim a análise do grau de maturidade e espiritualidade que apresentam.

Algumas regras educacionais deverão ser observadas para essas crianças, sem, contudo, descuidar da evangelização infantil e do diálogo constante no lar, visando aprimorar seu conhecimento em torno do sentido existencial, como seres espirituais que somos.

Observemos alguns procedimentos que nos vão ajudar:

¶ Trate-as com respeito e demonstre alegria por elas fazerem parte da família;

¶ Ajude-as a encontrar suas próprias soluções em termos de disciplina, dando-lhes sempre uma possibilidade de escolha compatível, desde que seja dentro da ética comportamental;

- Jamais as subestime;
- Explique sempre o motivo das ordens dadas para que cumpram racionalmente;
- Suas escolhas poderão ajudar os pais em vários aspectos de sua própria educação. Procure entendê-las;
- Explique sempre a elas por que está tomando certas decisões. Elas entenderão e se sentirão respeitadas;
- Evite críticas negativas, sem necessidade;
- Nunca diga a elas quem são nem o que deverão ser no futuro. Não as force a seguir uma carreira ou um negócio. Deixe-as decidir;
- Dialogue sempre com elas;
- Jamais as humilhe;
- Ouça sempre o que elas têm a dizer;
- Trate-as com amor;
- Elas se decepcionam com atitudes incorretas — evite-as ao máximo.

Esses requisitos são simples e ajudarão muito na compreensão de seus valores reais e elas se sentirão mais aptas e entrosadas no meio familiar e, consequentemente, no meio social.

As crianças prodígio sempre existiram. A História registra inúmeros casos nas artes, nas ciências exatas e humanas, entretanto, atualmente, compreendemos que elas não se apresentarão tão somente em casos isolados e com aptidões em determinadas áreas, mas atendendo a uma programação espiritual para ajudar no desenvolvimento moral de nosso planeta, objetivando a transição que vivemos neste novo ciclo da evolução espiritual.

Vários Espíritos falaram dessa renovação moral e registramos, na *Revista Espírita*, do ano de 1865, em mensagem do Espírito Mesmer, pelo médium Dellane, o seguinte:

> Falar-vos-ei esta noite das imigrações de Espíritos adiantados, que vêm encarnar em nossa terra. [...] Sim: grandes mensageiros já estão entre vós.

São eles que se tornarão os sustentáculos da geração futura. À medida que o Espiritismo cresce e se desenvolve, Espíritos de ordem cada vez mais elevada virão sustentar a obra, em razão das necessidades da causa. Por toda a parte Deus espalhou suportes para a Doutrina: eles surgirão no tempo e no lugar (KARDEC, 2015, it. "Imigração de Espíritos superiores para a Terra").

Posteriormente, Gabriel Dellane, no livro *Reencarnação*, diz:

> As crianças prodígios provam-nos com evidência irresistível que a inteligência é independente do organismo que a serve e isto porque as mais altas formas da atividade intelectual se mostram entre aqueles cuja idade não atingiu a maturidade plena. É esta uma das melhores objeções que se podem opor à teoria materialista (DELLANE, 2001, cap. VIII, it. "As crianças prodígio").

No livro *A gênese*, no cap. XVIII, falando da nova geração, Kardec esclarece:

> Cabendo-lhe fundar a era do progresso moral, a nova geração se distingue por inteligência e razão geralmente precoces, juntas ao sentimento inato do bem e as crenças espiritualistas, o que constitui sinal indubitável de certo grau de adiantamento anterior. Não se comporá exclusivamente de Espíritos eminentemente superiores, mas dos que, já tendo progredido, se acham predispostos a assimilar todas as ideias progressistas e aptos a secundar o movimento de regeneração (KARDEC, 2007, cap. XVIII, it. 28).

E em outro trecho, tratando da transformação da Terra para um mundo de regeneração, fala-nos que:

> Tudo, pois, se processará exteriormente, como sói acontecer, com a única, mas capital diferença de que uma parte dos Espíritos que encarnavam na Terra aí não mais tornarão a encarnar. Em cada criança que nascer, em vez de um Espírito atrasado e inclinado ao mal, que antes nela encarnaria, virá um Espírito mais adiantado e *propenso ao bem* (KARDEC, 2007, cap. XVIII, it. 27).

Mais recentemente, com a publicação das obras de Manoel Philomeno de Miranda, através do médium Divaldo Franco, *Transição planetária* e *Amanhecer de uma nova era*, temos maiores esclarecimentos em torno da vinda de Espíritos mais evoluídos, missionários de nosso planeta que retornarão para ajudar no processo de transformação moral de seus habitantes e fomentar o progresso tanto material quanto espiritual no novo ciclo evolutivo como mundo de regeneração.

Esclarece-nos, ainda, que virão de outro planeta Espíritos mais elevados para ajudar nesta fase de transição planetária:

> Esta não é a primeira vez que o mundo terreno recebe viajores de outras moradas, atendendo à solicitação de Jesus Cristo, qual aconteceu no passado, no momento da grande transição das formas, quando modeladores do vaso orgânico mergulharam na densa massa física fixando os caracteres que hoje definem os seus habitantes. [...] Da mesma forma que, da nossa Esfera, descerão ao planeta terrestre, como já vem sucedendo, milhões de Espíritos enobrecidos para o enfrentamento inevitável entre o amor abnegado e a violência destrutiva, dando lugar a embates caracterizados pela misericórdia e pela compaixão, outros missionários da educação e da solidariedade, que muito se empenharam em promovê-las, em existências pregressas, estarão também de retorno, contribuindo para a construção da nova mentalidade desde o berço, assim facilitando as alterações que já estão ocorrendo, e sucederão com maior celeridade... (FRANCO, 2012, cap. 3).

No livro *Amanhecer de uma nova era*, encontramos um trecho muito interessante em que o nobre Espírito descreve uma construção denominada "Santuário da Esperança", na qual os Espíritos de Alcíone se preparam para a encarnação na Terra, dizendo que "necessitam de algumas adaptações perispirituais compatíveis com os impositivos terrestres, assim como de adaptação à psicosfera do novo temporário domicílio..." (FRANCO, 2012, cap. 16).

Os comentários incluídos acima com as citações dos livros que, modernamente, confirmam as que têm sido feitas em várias obras espíritas desde a Codificação têm o intuito de corroborar a tese de que muitas crianças com talentos especiais e moralmente evoluídas, já reencarnadas na Terra, estão dentro dessa programação espiritual. Notamos as diferenças marcantes entre a geração atual e as que a antecederam, quando vários Espíritos foram trazidos para uma nova chance de reformulação de hábitos e moralização dos costumes.

Infelizmente, muitos não souberam aproveitar a nova oportunidade que a Misericórdia divina lhes concedeu e se perderam nos labirintos dos vícios, nas degradações morais e em sistemas de corrupção em todos os setores da vida social de vários países.

E as crianças com seus novos talentos e suas aptidões marcantes em várias áreas do conhecimento humano que renascem a cada ano?

Estarão as famílias preparadas para atender aos seus anseios de trabalho no bem e aceleração do progresso moral da sociedade?

Esperamos que sim, porque há uma preocupação maior em nossos dias, partindo dos mais novos, das crianças ainda na fase infantil, com a preservação da natureza, o refinamento dos hábitos alimentares (muitos se recusam a comer carne de animais), a sociabilidade respeitosa com relação à diversidade, liberadas de preconceitos e com um senso de liberdade mais amplo, denotando um grau bem mais elevado de moralização que seus antecessores.

Muitas crianças com talentos especiais e uma vocação inata para o bem e o respeito aos direitos humanos serão os futuros dirigentes das nações, os líderes das comunidades que lutam contra as desigualdades sociais, contra a miséria social, organizando uma sociedade justa, normatizada por leis sábias firmadas na solidariedade, na fraternidade, na igualdade e na liberdade — bens imensuráveis e conquistas imperecíveis do ser humano em sua ascensão espiritual.

A família e a inclusão social da criança especial

CONSIDERAMOS A FAMÍLIA um elemento essencial na inclusão da criança deficiente no meio social.

Os procedimentos adotados nos primeiros anos de vida da criança vão influenciar de maneira decisiva sua vida na comunidade em que vive.

Muitos fatores influenciam o comportamento dos pais e demais familiares com relação à criança especial, principalmente quando não dispõem de informações corretas a respeito e não se sentem amparados pelos que poderiam ajudar a minimizar a incompreensão em torno dessa ocorrência.

Durante a gravidez, a mulher apresenta sintomas que envolvem uma série de transformações tanto em sua organização física quanto em seu psiquismo. Uma profunda adaptação de seu comportamento se faz no âmbito familiar, levando os que convivem com a gestante a realizar ajustamentos e mudanças necessárias com o objetivo de manter uma harmonização diante da expectativa do nascimento de um novo filho.

Principalmente para a mãe, a gestação é acompanhada de alguma ansiedade com relação ao novo ser que está sendo gerado e sua conformação. A maioria das gestantes se preocupa em saber se o filho será perfeito ou se apresentará anomalias.

Em se tratando de uma criança com deficiência, esse comportamento poderá acarretar maiores preocupações e dissabores que afetam o próprio recém-nascido, a família e o meio social em que estejam inseridos.

Para as famílias com menos recursos financeiros ou de baixa renda, as dificuldades serão maiores pelas despesas que a criança propiciará, o que leva alguns pais a buscar alternativas que os auxiliem ou, infelizmente, não permitir que a criança se integre à vida social de modo a evitar maiores compromissos com seu bem-estar físico e emocional.

É evidente o papel da família como principal agente intermediário entre a criança e os demais grupos sociais. E isso dependerá do bom ajustamento dos pais e da habilidade para atender às necessidades do filho especial, buscando apoio e entendimento nas diversas entidades que prestam assistência ao deficiente físico ou mental.

Atualmente, a inclusão da criança deficiente, tanto na escola quanto nos demais meios sociais, é realizada de forma mais acentuada e, aos poucos, todos estão compreendendo a necessidade de apoio aos pais. Entidades em todo o mundo se expressam com solidariedade e compreensão dessa realidade, irmanando com igualdade e fraternidade todos os seres humanos.

Seria, contudo, utópico afirmar que não há preconceitos ou discriminação em alguns grupos sociais ou de determinadas pessoas que ajudariam mais se compreendessem a realidade espiritual e o sentido existencial de todos nós, filhos de Deus.

Desde a década de 1980, o Fundo das Nações Unidas para a Infância (Unicef), analisando os cuidados com a criança especial, mostra os fatores de que se ressentem os grupos familiares quando nasce um ser com deficiência, principalmente com Síndrome de Down. Os pontos mais assinalados são:

¶ Dificuldades no relacionamento dos pais;

¶ Abandono de um dos cônjuges (geralmente o pai);

¶ Alterações de comportamento das crianças da família;

¶ Insegurança e distúrbios psicológicos que afetam o relacionamento familiar;

¶ Vergonha, complexo de culpa ou preconceito.

Quando a criança percebe que é diferente das outras, identificando sentimentos de não aceitação em sua família, impedimentos para usar habilidades que seriam desenvolvidas se encontrassem apoio, sofre o impacto da diversidade e da deficiência, o que complica ainda mais seu desenvolvimento físico e psicológico.

Ao contrário, quando se sente amada e toda a família se une para suprir as suas limitações, colaborando e incentivando seu aprendizado, seu desenvolvimento será mais produtivo e harmônico.

É uma situação delicada que leva toda a família a um sentimento de pesar e de dor, deixa cicatrizes familiares e reações emocionais em desequilíbrio, complica seriamente os objetivos da reencarnação do Espírito necessitado de amor, compreensão e sustentação psicológica do grupo familiar.

A redução dos conflitos emocionais e familiares ajudará a aumentar a reciprocidade entre os pais e a criança especial, facilitando sua integração no meio social.

Todos os recursos usados na prevenção e na prestação de serviços necessários à reabilitação reduzem as causas sociais do problema. Daí a importância de os pais estarem atentos aos meios usados para minorar as dificuldades e limitações da criança deficiente.

Nos dias atuais, as crianças portadoras de deficiência, principalmente as com Síndrome de Down, já estão mais integradas à família e ao meio social, sendo aceitas com mais naturalidade, embora muitos conservem, infelizmente, preconceitos arraigados de que nada se poderá fazer para melhorar ou habilitar a criança em escolas normais.

Regina Lúcia M. Lopes e Rosângela da Silva Santos, na *Revista Hospital: Administração e Saúde*, vol. 18, nº 3, de maio/junho 1994, em artigo muito bem elaborado, comentam:

> Como é basicamente no lar que a criança com síndrome de Down aprende a lutar com as dificuldades de crescimento e de desenvolvimento, a adaptação dessa criança especial à própria condição, à sua família, e à comunidade em que vive está atrelada à adaptação feliz e satisfatória dos pais a ela. Nos aspectos gerais, a estimulação essencial, familiar e social, joga papel importante no desenvolvimento dessa criança. A estimulação nos primeiros anos de vida leva ao desenvolvimento de estruturas cerebrais que responderão pelas atividades psicomotoras de nível de complexidade cada vez maiores.

A família é a estrutura de amor que sedimenta o desenvolvimento da criança quando atende às suas necessidades físicas, afetivas e sociais, preparando-a para o futuro em todos os níveis.

Não é uma tarefa fácil... Todos os componentes da família doarão muito amor e um entendimento mais amplo dos cuidados especiais que deverão empreender junto à criança deficiente, ajudando-a a superar as dificuldades na vida de relação.

É importante evitar atitudes de superproteção e piedade porque o Espírito sensível que chega ao grupo familiar para o reajuste necessário não deverá se sentir diferente, além dos limites já impostos por sua condição física ou mental. O ideal é vencer qualquer preconceito ou atitude radical com relação à criança ou mesmo com relação aos que não a aceitam como os familiares gostariam que aceitassem, porque nem todos estão preparados para esse convívio, infelizmente.

Atualmente, já é uma preocupação da comunidade e de entidades que laboram na área de proteção à criança a inserção social das pessoas com deficiência de modo a combater qualquer forma de preconceito ou discriminação, já que defendemos os direitos humanos, valorizando a diversidade e as minorias sociais.

Na visão espírita, amplia-se o conceito de valorização da criança e de sua aceitação no meio social, uma vez que compreendemos a realidade espiritual e os fatores causadores da deficiência com que alguns Espíritos retornam à Terra em processo de reajuste e aprimoramento moral.

Todas as dores, todos os obstáculos ou deficiências que não resultem de atos praticados na vida atual remontam às existências anteriores, e muitos Espíritos que renascem com dificuldades na área de comunicação ou não conseguem se expressar corretamente ou normalmente é porque abusaram da inteligência e do poder. Agora sentem maiores impedimentos para se comunicar ou agir.

A literatura espírita e vários benfeitores espirituais já se manifestaram sobre a causa das deficiências físicas ou mentais como consequência de atos contra a própria vida, buscando soluções para a problemática vivencial pelo suicídio, quando a atitude de resignação e aceitação dos desígnios de Deus os livraria das consequências danosas desse ato.

Dedução lógica será a aceitação de que as famílias que recebem crianças com deficiências físicas ou mentais certamente estiveram incursas em atos que contribuíram para que os Espíritos agissem daquela forma, ou são abnegados irmãos que aceitam a prova como testemunho e amor para ajudar essas crianças, exemplificando seu progresso moral e espiritual.

Em nossas Casas Espíritas, já notamos uma aceitação mais caridosa das crianças deficientes ou mesmo dos adultos, principalmente na área de assistência e promoção social, entretanto, além dos atendimentos às crianças deficientes no tratamento espiritual, seria muito importante aceitá-las nas escolas de evangelização e, futuramente, promover sua participação, mesmo que limitada, nas reuniões públicas ou nos grupos de aprendizado e atendimentos aos portadores de incapacidade física ou mental, desde que suas condições o permitam.

Não podemos avaliar até que ponto as crianças com deficiência assimilam o conteúdo das prédicas espíritas e como seus Espíritos reagem diante das informações que chegam, seja em forma de histórias ou outros estímulos que as façam compreender os recursos valiosos do conhecimento espírita. Todavia, percebemos como muitas delas se sentem bem no núcleo de atendimento espiritual diante da fluidoterapia, dos sentimentos de amor e caridade com que os médiuns expressam, sem palavras, sua intenção de ajudar. Elas sentem bem-estar, ficam mais tranquilas, dormem melhor e aprimoram o relacionamento no grupo familiar e na escola.

Muitos pensam que as crianças especiais não têm uma forma segura de aprendizado. Entretanto, muitas crianças assimilam normalmente os ensinamentos que lhes são ministrados. Outras, mesmo com dificuldades, incorporam o conhecimento pela repetição. Quando desprendidas do corpo físico, durante o sono, elas se dão conta das dificuldades físicas na área da comunicação, mas têm uma percepção da prova a que estão sendo submetidas.

Elas sentem, ouvem e registram a maneira como são tratadas e conservam momentos de lucidez no cerne do próprio ser imortal que é o Espírito.

E mais do que as sensações físicas, elas percebem as emanações fluídicas que lhes são endereçadas quando oramos com elas, quando lhes acariciamos ou mesmo quando emitimos pensamentos de afetividade e simpatia. Em seu olhar, poderemos perceber muito mais que nas expressões que possibilitariam uma comunicação verbal ou um gesto caso pudessem se manifestar normalmente.

Vamos analisar alguns procedimentos que os pais de uma criança especial deverão adotar para minimizar as dificuldades no lar e prepará-la para uma integração melhor na vida social:

- ¶ Evitar qualquer tipo de rejeição ou atos que demonstrem receio ou vergonha de apresentá-la aos amigos ou acompanhá-la em reuniões escolares ou sociais.

- Não mantê-la fora do lar por muito tempo para evitar os encargos e cuidados que sua condição requer. Nenhuma escola especializada, por melhor que seja, substituirá o carinho materno e a assistência do pai responsável e atento.
- Buscar recursos e terapias voltadas para crianças com deficiência física ou mental. Atualmente, temos melhores escolas, apoio psicológico para os pais lidarem melhor com seus filhos, ergoterapia (cura pelo trabalho) e muitas instituições especializadas que defendem a inclusão social da criança especial.
- Buscar na Doutrina Espírita todos os recursos e terapias espirituais essenciais para o bem-estar físico e psíquico da criança deficiente.
- Quando possível, matriculá-la na evangelização da criança e ajudá-la em tudo o que for possível para manter em seu espírito a fé e a crença em Deus.
- Orar com ela todas as noites e, mesmo que não possa participar como os demais irmãos, mantê-la presente nas reuniões de Evangelho no lar.
- Manter um ambiente de paz, harmonizando todos os integrantes da família, evitando discussões ou atitudes agressivas em sua presença e respeitando suas limitações e necessidade de carinho, compreensão e extrema paciência de todos.
- Jamais esquecer que aceitamos a tarefa abençoada de receber esse Espírito em nosso lar e contribuir para o seu progresso moral e espiritual, tratando-o com amor, devotamento, abnegação e cuidados essenciais para o seu bem-estar físico e emocional.
- Envidar esforços para que ela participe da vida familiar e dos acontecimentos sociais junto dos demais integrantes do grupo doméstico, indo a aniversários, encontros de amigos, férias, festas na escola.

Uma vida familiar harmonizada, na qual a criança se sente amada e encontra segurança e conforto ao lado dos pais e irmãos, redundará numa convivência social saudável e facilitará a vida em comunidade.

Emmanuel nos leciona que:

> Em verdade, por vezes, abnegados corações, cultivando a leira do amor pelo sacrifício, trazem a si corações desditosos, guardando transitoriamente, nos braços, monstruosas aberrações que destoam do elevado nível em que já se instalaram; contudo, devemos semelhantes exceções ao espírito de renúncia com que fazem emergir das regiões infernais velhos laços afetivos, distanciados no tempo, usando o divino tributo da caridade (XAVIER, 1991, cap. 11).

Assim, reconhecemos que nosso berço no mundo é o reflexo de nossas necessidades, cabendo-nos cumprir as determinações impostas ou escolhidas na linha de nosso progresso moral, assumindo os deveres, acolhendo os Espíritos como filhos problemáticos ou deficientes, contribuindo para a evolução de todos nós inseridos na lei de causa e efeito, recompondo as linhas de nosso destino pelo amor e sob o comando da Lei divina que nos prepara para um futuro espiritual condizente com nosso esforço e nossa sublimação.

Não te canses de amar

A MULTIPLICIDADE DE cores neste amanhecer, adornando a paisagem de uma beleza incomparável, anuncia um novo dia com promessas indefiníveis...

Colorindo as nuvens em tons rosáceos, o Sol ainda não despontou por trás da montanha, mas já altera a imagem que descortino nessa contemplação que me emociona, alterando a cada segundo a tonalidade das cores que se acentuam e chegam a nuanças mais intensas e avermelhadas para logo depois suavizarem... Agora, assemelha-se a um lago dourado onde as nuvens deslizam como barcos diáfanos tocadas pelo vento ameno desta manhã...

A cada nova percepção em que me demoro em reflexões, a paisagem muda, mas conserva a luminosidade do Sol, que agora, mais próximo em seu despontar, colore em tons dourados a montanha que desperta.

Essa mutabilidade do que se pode olhar e tocar retratada na natureza nos demonstra como tudo é efêmero, fugaz e transitório.

Tocados pela magia do alvorecer em sua beleza imensurável, quando o coração, sob a égide do amor, colore como o Sol benfazejo tudo que toca e atinge, procuramos com nosso pensamento irradiar a gratidão pelas bênçãos da vida e do que ela nos presenteia a cada novo dia.

Oramos e agradecemos a Deus tantas benesses!

Nessas divagações que procuro realizar a cada despertar, antes de assumir os deveres de cada dia, busco em meu íntimo a valorização de tudo o que a vida me concede em dádivas de amor, de oportunidades de trabalho no bem, nas afeições queridas que enriquecem meu viver, nos valores morais que amealhei ao longo dessa caminhada.

Reconheço que ainda estou longe de tudo o que posso melhorar para compensar o que tenho recebido da Misericórdia divina em vidas sucessivas nas quais busco a perfeição moral.

Mas estou feliz pelo que já conquistei neste entardecer da vida. Hoje, quando analiso os conflitos familiares, comentando o poder do amor que suaviza as dores da alma, da riqueza do conhecimento que nos leva a refletir mais demoradamente sobre nossa destinação na Terra, consigo escrever com um profundo sentimento de gratidão a Deus pela compreensão da vida.

Nessa imersão em pensamentos de paz e amor, sinto que estou conseguindo vencer minhas dificuldades e aprimorar as conquistas morais.

Comprova o que sinto o despertar da espiritualidade que se acentua na mesma proporção em que envelheço e vou, pelo bem que já posso realizar, adquirindo a maturidade emocional indispensável para viver em plenitude o amor, conquistando a paz que tanto almejo.

Toda essa abertura que a admiração da natureza imprime em meu ser desperta recordações do que devo repassar para você, querido leitor, nesta manhã. Falar de vivências familiares, do lar como o santuário de bênçãos onde aprendemos e exercitamos a paciência, o perdão, a compreensão e a tolerância para enfrentar as agruras da vida em sociedade, na qual teremos que desenvolver com maior intensidade as virtudes assimiladas junto à família.

Emmanuel nos leciona com sabedoria:

> A casualidade não se encontra nos laços da parentela. Princípios sutis da lei funcionam nas ligações consanguíneas. Impelidos pelas causas do passado a reunir-nos no presente, é indispensável pagar com alegria os débitos que nos imanam a alguns corações, a fim de que venhamos a solver nossas dívidas para com a humanidade (XAVIER, 2009, cap. 156).

Essa compreensão maior das leis da vida torna-nos mais aptos a vencer as dificuldades no relacionamento familiar e, movidos pelo amor, vamos sanando as feridas da alma, aparando as arestas da animosidade latente e suavizando a convivência, por vezes tão áspera.

Creio que a dificuldade maior, em se tratando de convivência familiar, está no apego excessivo aos que caminham conosco, nas atitudes de egoísmo com relação aos direitos alheios e nas exigências descabidas de afetos, de considerações que ainda não dispensamos aos outros. Distraídos de nossos deveres, exigimos da vida o que não doamos.

Considero o exercício da gentileza o primeiro estágio para aprendermos a amar e tolerar o próximo. E quando digo "próximo", falo daquele que está ao nosso lado na vida diária, principalmente no lar.

Aprendamos a respeitar aos que amamos ou pretendemos amar como desejamos que nos amem e respeitem. Não façamos dos entes queridos objetos de nossa satisfação e de atitudes egoísticas, usando-os como se fossem seres sem desejos próprios ou sonhos pessoais.

No lar, aprenderemos o despojamento, o respeito, a ternura de amar sem exigir reciprocidade, a renúncia, a caridade moral, erguidos em alicerce sólido e duradouro do exemplo, do amor, da solicitude e da compaixão.

Alerta-nos o benfeitor espiritual: "Aprendamos a viver com todos, tolerando para que sejamos tolerados, ajudando para que sejamos ajudados, e o amor nos fará viver, prestimosos e otimistas, no clima luminoso em que a luta e o trabalho são bênçãos de esperança." (XAVIER, 2009, cap. 158).

Quem ama o próximo aprende, antes de qualquer coisa, a compreender, porque o amor tem esse poder mágico de transformar os sentimentos, melhorando-os e educando-os para externar nossas intenções com relação ao outro, edificando a paz em nosso íntimo e estendendo-a aos que convivem conosco.

Nessa compreensão maior de nossa destinação espiritual e dos reais objetivos da vida, ampliando o discernimento em torno do sentido existencial, vamos fortalecendo a fé, aprimorando o mundo íntimo e enriquecendo-o dos valores imperecíveis que serão, realmente, aquisições permanentes e estáveis.

O amor educa nossos sentimentos, libertando-nos das sensações grosseiras. Assim, num segundo estágio, conseguiremos educar nossas emoções.

Jesus, o educador por excelência e psicoterapeuta ideal, quando estabeleceu as bases de sua doutrina no amor, sabia que esse seria o caminho de nossa redenção espiritual.

Em todas as situações dolorosas, somente o amor nos dará subsídios para vencer e não nos deixarmos levar pela animosidade, pelo desconforto do desânimo e da intolerância.

Joanna de Ângelis, em várias exortações ao amor como a única solução para nossos problemas vivenciais, orienta-nos quanto à necessidade desse sentimento nobre em várias circunstâncias e estabelece normas que constituem as únicas capazes de nos conduzir com segurança para a conquista da paz e da serenidade íntima.

Enumeramos algumas situações que nos constrangem e poderão nos levar ao desânimo:

¶ Julgamento descaridoso perturbando os planos de serviço;
¶ Enfermidade dominando nossas forças;

- Incompreensões e dificuldades no lar;
- Decepções com a vida e com os que amamos;
- Perdas e separações que amarguram.

E a nobre benfeitora espiritual nos concita:

> O amor é bênção de que dispões em todos os dias da tua vida para avançares e conquistares espaço no rumo da evolução. Não te canses de amar, sejam quais forem as circunstâncias, por mais ásperas se te apresentem. A doutrina de Jesus, ora renascida no pensamento espírita, é um hino canção de amor, assinalando a marcha do futuro através das luzes da razão unida à fé em consórcio de legítimo amor (FRANCO, 2010, cap. 1).

Usemos, portanto, esse sentimento que nos redime em todas as situações nas quais o sofrimento e os desencantos perturbam nossas emoções. Assim, estaremos agindo com acerto na conquista da paz e da felicidade real.

No lar, escola que edifica nossas almas, o amor agirá como o sentimento nobre que nos liberta e redime, conclamando-nos à compreensão e à generosidade diante de todos os que caminham ao nosso lado.

Somente assim encontraremos a perenidade das coisas que nos convêm, agindo como alavancas de nosso crescimento moral.

Filhos do coração — adoção na visão espírita

A ADOÇÃO DE uma criança é um gesto significativo de amor que supera o compromisso assumido perante as leis civis que norteiam a inclusão de um ser gerado biologicamente por outro casal.

Quando assumimos a responsabilidade de criar, educar e orientar um ser indefeso, preparando-o para a vida, estarão implícitos o amor, a generosidade e a dedicação que dedicamos aos filhos biológicos. Se não os temos, maior será o desvelo e mais acentuada a gratidão a Deus pela confiança e a oportunidade de ter nos braços alguém que retorna ao nosso convívio.

Somente o amor fará com que a criança se sinta realmente integrada à família, não importa a idade com que foi adotada ou as condições do casal, possibilitando maior conforto e educação aprimorada. Somente aliando a afetividade à responsabilidade assumida perante a lei é que a criança se sentirá amada e cercada do carinho e das atenções de que necessita.

Se com nossos filhos biológicos entendemos a maternidade e paternidade como um exercício de amor e devotamento, com os filhos adotivos haverá sempre que alimentar esse sentimento, mesmo que surjam problemas de convivência difícil, hábitos arraigados que não se integrem às regras morais da família, animosidades remanescentes de vidas passadas e tantos outros fatores que poderiam afetar o equilíbrio no lar. Não foi o acaso que os trouxe ao nosso lar, e sim compromissos assumidos no mundo espiritual.

Existe alguma diferença entre os casais que, mesmo já tendo filhos, adotam uma criança, complementando o núcleo familiar, e aqueles que não conseguiram ou não podem ter filhos e buscam na adoção a solução da carência em torno da maternidade ou paternidade não realizada biologicamente.

A formação do lar é planejada no plano espiritual. Entendemos, assim, que os filhos adotivos são Espíritos que já participaram de nossas experiências em encarnações passadas. Eles retornam nessa condição por vários motivos, mas o mais comum é o comprometimento com os pais em vidas anteriores, quando os desprezaram, descuidaram deles na velhice e cometeram erros que poderão ser ressarcidos pela reencarnação como filhos — agora, adotivos — que aprenderão, com o amor de seus pais, a serem mais caridosos, gentis e abnegados para com eles.

Se houve alguma falta ou se se comprometeram com o desrespeito, lesando a alma de seus progenitores, quando poderiam ter sido generosos e bons, terão que retornar e refazer o caminho nessa condição como ensejo de reabilitação e aprimoramento moral.

Os pais deverão ser amorosos e agir com dedicação, encaminhando-os pela senda do bem, dando-lhes exemplos sadios de conduta equilibrada e orientando-os pelos ensinamentos cristãos.

Muitas vezes, Deus permite que eles cheguem a nossos lares nessa condição para que aprendamos com eles a perdoar, a amar e sejamos merecedores dessa confiança, tratando-os com o mesmo desvelo que tratamos os filhos consanguíneos, se os tivermos.

Se encontrarmos dificuldades no relacionamento que podem desviar nossa conduta, maculando nossos sentimentos e nos colocando em desequilíbrio perante o filho problema, busquemos os recursos espíritas.

A prece, a evangelização infantil e a fluidoterapia ajudarão a minimizar os problemas que possam surgir no lar se a criança apresentar desequilíbrios ou enfermidades — sequelas do comportamento de vidas passadas.

A realização do Evangelho no lar ajudará a manter um ambiente ameno e pacificado, dando à criança melhores condições de adaptação. Sobretudo, o amor solucionará alguns desafios que surgirem e dificultarem a convivência com os outros irmãos ou mesmo com os pais.

Alguns casais perguntam se é válido dizer à criança que ela é adotada e quando será melhor fazer essa revelação. Quando recebemos em nosso lar um filho do coração, Jesus está confiando em nossa capacidade de amar sem restrições, mesmo que esse filho nos crie dificuldades. Considero a melhor conduta não falsear a verdade. Devemos revelar que são adotivos e quanto mais cedo o fizermos, melhor para a criança.

Não compreendo a razão de alguns pais esconderem de seus filhos essa condição. Não há demérito, e eles serão mais gratos ainda por receberem tanto amor, carinho e dedicação de seus pais, desde que se sintam amados e respeitados, tratados como os demais filhos.

Não será o conhecimento dessa condição que evitará os problemas advindos de vidas passadas, quando existirem, e sim a carência do amor e dos cuidados de que a criança necessita. Se há justiça, equidade e coerência nas atitudes dos pais, não haverá nunca problema em contar a ela sua origem.

Muitos pais escondem dos filhos que são adotivos por medo de perderem a afeição deles. Alguns se preocupam quando eles manifestam vontade de conhecer os pais ou a mãe biológica. Entretanto, quando os filhos adotivos são criados com amor e recebem no lar a educação moral, valorizando os sentimentos enobrecidos e entendendo o valor de uma afeição sincera, passam a compreender, quando adultos, que são filhos do coração.

Muitas vezes, se os pais revelam a verdade quando os filhos já estão na idade adulta, correm o risco de eles saberem antes, de forma errônea ou distorcida por estranhos, o que complica o relacionamento entre eles.

A educação dos filhos adotivos em nada deverá divergir da que se dá aos filhos biológicos, mantendo os elos de amor, ensinando-os desde cedo o respeito à vida e à natureza, a crença em Deus, buscando sempre uma conduta cristã, com a certeza de que daremos conta dessa responsabilidade por meio do trabalho e do amparo legitimado pela afeição sincera.

Como espíritas, recebemos orientações e aconselhamentos diversos sobre adoção de filhos alheios, sempre enfocando o amor e o respeito com que devemos tratá-los. Somos todos filhos de Deus, e o lar constitui o reduto sublime onde a criança receberá, de forma segura, tudo de que necessita para se transformar no adulto competente e cristão de amanhã, desde que saibamos cercá-la dos cuidados de que necessita para crescer em liberdade, com responsabilidade e desenvolver suas melhores tendências à luz do Evangelho de Jesus.

> Há Espíritos que reencarnam para serem filhos adotivos. Essa situação faz parte de suas provações, geralmente porque no passado comportaram-se de forma indigna em relação aos deveres familiares. Voltam ao convívio dos companheiros do pretérito sem laços de consanguinidade, o que para os Espíritos de mediana evolução representa sempre uma provação difícil, destinada a ensiná-los a valorizar a vida familiar. Harmoniza-se, assim, a situação de um grupo reunido no lar para serviços de resgate e reajuste, competindo aos pais o máximo de cuidado em favor daquele familiar que ressurge na condição de filho adotivo (SIMONETTI, 1972).

O encontro da família adotiva não é, portanto, acidental. Em sua maioria, obedece a um planejamento espiritual que visa à recuperação e ao reajuste de um Espírito comprometido com a Lei divina.

Alguns filhos adotivos têm afinidade espiritual com o grupo familiar e se integram com facilidade às normas e aos padrões daquele lar, harmonizando-se com todos e, principalmente, com os pais. Entretanto, há os que apresentam, logo nos primeiros anos de vida, problemas de relacionamento e trazem de vidas anteriores lesões e traumas de difícil erradicação.

Ressaltamos a importância do diálogo amoroso e sincero como auxiliar nos casos mais simples. Todavia, será conveniente buscar apoio médico e psicológico caso a extensão dos problemas seja maior e de mais difícil solução, sem buscar essas alternativas.

Atualmente, existe um tipo de adoção que tem sido causa de polêmica e até de ações preconceituosas e discriminatórias — são as que se referem aos casais homossexuais que desejam adotar uma criança.

No livro *Desafios da vida familiar*, psicografia de J. Raul Teixeira, o Espírito Camilo comenta esse assunto em resposta à pergunta número 12 inserida no capítulo "O sentido da família":

> 12. Como é vista a adoção de crianças, para a construção de uma família, por parte de homossexuais masculinos ou femininos?
> R. — O Pai criador vê sempre as intenções que inspiram as ações. Assim, vale refletir que o amor que se dedica a uma criança, tornando-a filha sentimental, independe da inclinação sexual adotada pelos pais ou pelas mães postiços. Acompanhamos inúmeras situações em que os cuidados desenvolvidos para atender a criança fizeram com que os indivíduos ou pares homossexuais alterassem a rota dos próprios passos, enobrecendo o sentimento paternal ou maternal, ausentando-se da promiscuidade ou do desassossego íntimo, passando a sintonizar com frequências luminosas, acalmando o coração e os pensamentos — quando antes experimentavam tormentos — conquistando, então, valores espirituais de grande significação, superando lutas imensas no cerne da alma. A adoção, desse modo, corresponde a um gesto sublime que Deus sempre abençoará.

Na questão seguinte, indaga:

> 13. Uma criança que seja criada por homossexuais de quaisquer dos gêneros não poderá assimilar os mesmos hábitos e tendências e complicar-se na vida?

Não haveria nisso uma distorção nos propósitos educacionais dessa criança no mundo? (TEIXEIRA, 2012, parte I, cap. *O sentido da família*, it. 12).

A resposta de Camilo é longa e poderá ser lida na sua totalidade no livro citado acima, mas, resumidamente, ele expõe o seguinte:

> Restará saber onde uma criança correria mais riscos, se nas ruas da amargura, vivenciando tudo o que a sombra do abandono costuma propiciar, ou se no aconchego de um lar, mesmo que postiço, liderado por irmãos ou irmãs situados na faixa da homossexualidade. [...] Não deveremos apelar para a fatalidade e supor que alguém agasalhado afetivamente por homossexuais tenha que copiar-lhes as posturas todas. Não, não pode ser assim. Caso enveredemos pela proposta fatalista, sem as considerações que apresentamos, teremos muita dificuldade em entender e explicar como é que filhos e filhas de pais heterossexuais, amados, bem instruídos e educados, se apresentam homossexuais em alguma fase da vida, muitas vezes desde a infância. [...] O lar deve ser o porto seguro para todo o viajor da evolução, visto ser muito raro achar alguém que, ostensivamente ou à surdina do mundo íntimo, não tenha experimentado ou ainda experimente os conflitos da sexualidade, consequências previsíveis do direcionamento das bagagens emocionais dos dois gêneros sexuais, já que são os mesmos os Espíritos ora renascem homem, ora mulher. [...] Onde vibram, pois, o amor, a maturidade e a vontade de servir, tudo segue para abençoados fins (TEIXEIRA, 2012, parte I, cap. *O sentido da família*, it. 13).

Portanto, quando recebemos filhos adotivos em nosso lar, o mais importante é manter a família unida pelos laços do amor, num ambiente de respeito e dignidade, oferecendo à criança toda a estrutura de que necessita para ser educada, gentil, evangelizada e preparada para viver no mundo como cidadã que segue as leis civis e morais, mas que, principalmente, tenha acesa, em seu espírito, a chama da fraternidade e da generosidade como elementos decisivos para uma vida feliz e laboriosa.

É preciso ensinar a ela o respeito a seu semelhante com o mesmo afinco com que deseja ser respeitada em seus direitos de pensar e agir conforme seu nível ético e sua consciência.

O bom senso nos leva a agir com equilíbrio, evitando o posicionamento dos que ainda não conseguem respeitar a diversidade do ser humano e compreender nossa origem divina como filhos do mesmo Pai, destinados à perfeição, pelos caminhos nem sempre compreensíveis a todos, mas seguindo a programação espiritual que visa à nossa evolução e ao desenvolvimento moral.

Meu tipo inesquecível

EM MUITAS FAMÍLIAS, existe alguém que se destaca como referência pelos seus gestos, sua maneira de ser, seus valores morais, tornando-se o ponto de equilíbrio para todos, o exemplo a ser seguido, a pessoa na qual confiamos e a quem buscamos nos momentos de decisões importantes ou nas agruras do caminho.

Em minha família, esse alguém foi minha irmã, a quem chamávamos carinhosamente de Mariinha.

Passados mais de cinco décadas de sua partida para o mundo espiritual, ainda a recordo nos momentos de reflexões, quando oro, quando a saudade aflora com maior intensidade.

Lembrar sua permanência conosco enseja sentimentos de ternura e gratidão a Deus.

E quando a recordo e escrevo sobre sua vida, sinto-me motivada a buscar em meu mundo íntimo, nos arquivos seletivos de minha memória, lembranças que o tempo não conseguiu apagar.

Nessa evocação, procuro sentar calmamente e permanecer em silêncio, esvaziando a mente das preocupações atuais, deixando o pensamento voejar em direção ao passado, rebuscando lembranças que me façam reviver momentos de intensa felicidade, de paz e amor...

Ficar mais profundamente diante de mim mesma e recompor traço a traço as linhas de seu rosto, de seu corpo, de suas mãos diáfanas, de seus cabelos negros caindo suavemente...

Fixar os olhos na contemplação mais demorada dos seus olhos com um brilho invulgar que penetrava o âmago de meu ser, vasculhando-me a alma como a descobrir meus anseios, meus medos e sustentar-me nesta nova existência, guiando-me os primeiros passos com solicitude e amor...

Deixar que a inspiração direcione minhas mãos ao escrever sobre você, querida irmã, que marcou minha alma com o cinzel da bondade, da esperança com promessas de paz sob as luzes do Evangelho de Jesus, levando-me a compreender, desde muito cedo, que deveria seguir o caminho do bem, com abnegação, renúncia e humildade...

Recordar suas mãos a sustentar-me logo nos primeiros passos, infundindo em meu ser a confiança para que eu caminhasse sem receio, desde que seguisse o roteiro sublimado do dever, da responsabilidade e nunca usasse minha liberdade para ferir alguém ou magoar aquele que cruzasse meu caminho e assim mantivesse em harmonia meu mundo íntimo...

Emocionada, recordo você, irmã querida, meu tipo inesquecível, todos os dias de minha vida, que já se faz longa, durante a qual procurei seguir seus conselhos, suas orientações, suas palavras de incentivo para prosseguir destemida, vencendo os óbices da caminhada, sem perder a fé e a alegria de viver.

Desde as primeiras recordações de minha infância, sua figura se acentua em minhas lembranças e a vejo em cuidados preservando-me de perigos, conduzindo-me pelos caminhos do mundo, com segurança e certeza de que os objetivos poderão ser alcançados, desde que saibamos delinear com precisão nossos projetos de vida, conscientes de nossa responsabilidade como espíritas.

Sendo a irmã mais velha, cuidou de mim como se fosse mãe prestativa e amorosa. E sua presença amiga se fez presente em momentos que recordo com emoção e muita gratidão a Deus por nos ter concedido a bênção de sua companhia durante a vida terrena e posteriormente no mundo espiritual, sempre nos orientando e mostrando o sentido existencial, a importância dos deveres assumidos, amparando-nos em momentos de dor para que não nos entregássemos ao desalento.

Uma das primeiras recordações de minha infância aflora com uma manhã em nossa casa de Rio Novo, você dando-me banho, quando eu ensaiava os primeiros passos, aprontando-me para levar ao colégio onde lecionava. A diretora, Irmã Benigna, estava organizando um jardim da infância, pioneiro naquela cidade. Você me matriculou e, enquanto dava aulas, eu permaneceria no colégio. Assim nossa mãe estaria mais livre para cuidar da casa e dos irmãos menores. Eu me senti feliz porque assim poderia ficar mais tempo ao seu lado e me orgulhava de ser sua irmã e aluna do colégio onde lecionava.

Mostrando-me desde a infância que o Espiritismo era o fanal que nos conduziria com maiores possibilidades de êxito no cumprimento da programação espiritual nessa nova oportunidade do renascimento físico, incutiu em minha mente que não haveria alternativa para mim senão abraçar com coragem e fé essa abençoada doutrina e esforçar-me sempre para cumprir meus deveres sem me preocupar jamais com notoriedade, aquiescência dos que buscam na vaidade a satisfação íntima, não me deixando também ser vencida por amargura ou desencanto quando o acicate das dores morais chegasse, lanhando meu espírito, porque a dor é educadora e formadora de nossos melhores caracteres em função do progresso moral aqui na Terra.

Você partiu para o mundo espiritual com apenas 36 anos. Mas que vida profícua no bem e nos gestos de amor que distribuía a todos que se acercavam de você!

Com você aprendi as primeiras lições de como me comportar com gentileza e educação no lar, na sociedade, respeitando os mais velhos, educando-me nos atos mais simples da vida, conduzindo-me pelos caminhos da liberdade com responsabilidade e mostrando-me as vantagens da honestidade, das virtudes morais, dos cuidados com o corpo, mas principalmente com a moral elevada condizente com nossa formação espírita desde o berço.

Mariinha falava do futuro com otimismo e preconizava os avanços da tecnologia, do desenvolvimento urbano, das estradas modernas que facilitam a comunicação entre as cidades e reaproxima os homens. Descortinava o progresso das religiões, sonhando com a união e o respeito que aconteceria quando todos vivenciassem os ensinamentos cristãos.

Com o decorrer do tempo, assistindo ao progresso das aquisições terrenas no campo da ciência e das comunicações entre os povos, lembro-me dela com emoção, porque já falávamos desses acontecimentos como se já os conhecêssemos desde então.

Sua ternura era mesclada de energia para que não nos desviássemos do caminho do bem. Alertava-nos sempre dos perigos das ilusões da vida, das facilidades materiais que proporcionam aos que se descuidam dos valores do espírito e, apressados, buscam o poder, a glória. E advertia: "retornam amargurados e frustrados porque a felicidade é conquista íntima alicerçada na consciência pacificada pelo dever retamente cumprido".

No último capítulo deste livro, falando do lar, da formação da família e de todas as vinculações que o amor proporciona quando seguimos as lições valiosas que Jesus nos deixou como código divino a nortear nossas vidas, falar de você, minha irmã, e de sua benéfica influência foi o modo singelo de expressar a gratidão pelo muito que nos ajudou ao longo de todos esses anos.

Simples, mas de grande sabedoria, você nunca viajou para o exterior. Visitou o Rio de Janeiro e a cidade de Belo Horizonte já adulta e viveu sempre em Rio Novo, cidade pequena da Zona da Mata mineira, numa época em que os meios de comunicação e transporte eram precários, mas conhecia e se comunicava com maestria quando era solicitada a explicar ou solucionar algum problema vivencial.

Professora de Metodologia do Curso Normal (curso de formação de professores), fez grandes amigas na escola onde lecionava e todos a recordam com carinho, enaltecendo seus valores morais e intelectuais.

Como espírita, foi orientadora da Mocidade Espírita Dias da Cruz, do Centro Espírita Boa Esperança, reaberto na década de 1940 por ela e outros companheiros espíritas daquela cidade, e desenvolveu um intenso trabalho na área da assistência social, na divulgação espírita, participando das famosas semanas espíritas realizadas naquela região mineira até sua desencarnação, em 1956.

Na adolescência, tive a felicidade de estudar no final do curso ginasial em Rio Novo e morei em sua casa. A valiosa oportunidade de convívio mais amplo proporcionou-me assimilar conhecimentos e me preparar para a vida.

Relembro as nossas conversas na janela da sala, contemplando o horizonte e as belezas do entardecer, em dias chuvosos ou nas manhãs ensolaradas, quando caminhávamos juntas pela estrada até o local da cachoeira no ribeirão do Calisto, na cidade onde morava. As lições foram tão importantes para a formação de minha personalidade atual que ficaram gravadas em minha mente e as recordo com deslumbramento e admiração pelo conteúdo sempre atual e oportuno.

Era conhecedora de assuntos transcendentes. Falava com desenvoltura e suas exposições doutrinárias no Movimento Espírita agradavam a todos pela beleza de sua apresentação e a simplicidade de seus gestos.

Revejo-a falando e declamando com o rosto iluminado pela fé e a certeza de quem compreende seus deveres, realizando com alegria seus encargos no lar, na sociedade e nos compromissos espíritas.

A mutabilidade das coisas terrenas e a impermanência das conquistas materiais, do poder e da glória levam-nos a reflexões profundas quando procuramos o sentido da existência. E foi com ela que tive as primeiras noções de espiritualidade, ressaltando a grandeza da vida nas coisas simples e abençoadas da natureza, nos momentos de meditação, na contemplação do amanhecer e na ternura que invade nosso coração quando, ao entardecer, a luz vai se diluindo na sombra da noite, convidando-nos à prece de gratidão a Deus.

Finalizar este livro recordando minha querida irmã tem um motivo muito especial porque nossa família foi enriquecida com sua presença amiga e solícita, buscando em todos os momentos ajudar a todos os que necessitavam de um apoio fraterno, de orientação e mesmo algo que aliviasse a dor moral que estivesse sofrendo.

Quando me olhava com ternura, sentia toda a vibração de amor que seu coração bondoso exalava e me reconfortava em seus braços quando estava triste ou sofrendo.

Foram tantos os ensinamentos, tantos os exemplos que deixaram marcas profundas em minha mente, moldando-me e impulsionando-me a buscar a transformação moral por meio do amor e da renúncia, do exercício do perdão e da paciência!

Minha irmã desencarnou em 1956, no final da gravidez de seu terceiro filho. Sonhava em ter uma menina e seus filhos estavam com 15 e 10 anos quando partiu para a dimensão espiritual.

Recordo a noite em que morreu. Ainda no hospital, deixando o centro cirúrgico onde fora submetida a uma cesariana de urgência para salvar seu filho, acompanhei a maca que a conduzia ao quarto e ela, sorrindo, me disse: "É um menino de novo..." E, em seu olhar, brilhava a mesma luz do amor e da ternura que nunca mais contemplaríamos aqui na Terra.

Morreu algumas horas depois...

Sei que no mundo espiritual continua seu labor, cuidando de crianças e jovens como educadora que sempre foi. Já tivemos muitos encontros durante as horas de sono físico, quando, em desdobramento, posso ir vê-la e nos falamos como outrora das responsabilidades da vida terrena, das belezas excelsas da dimensão espiritual, quando renovamos nossas esperanças e refazemos nossas energias para novos embates e lutas até que possamos permanecer juntas novamente.

Falar da saudade, decorridas tantas décadas, parece inadmissível para os que desconhecem a força do amor quando alguém parte e deixa em nosso coração um sentimento inexplicável de carência do que vivemos um dia.

Os versos de Cecília Meireles em *Poema da saudade* expressam o que sinto, e sei o quanto ela amava e admirava sua poesia:

> Saudade dos teus olhos diáfanos
> Como grandes auréolas serenas...
> Dos teus olhos hiperbóreos,
> Dos teus olhos como oceanos iluminados.
> Dos mundos de bem aventurança...
> Saudade do teu cabelo,
> Descendo, numa linha sagrada,
> Sob diademas deslumbradores de astros...
> Saudade das tuas mãos indizíveis,
> Feitas de luares plenos
> E estendendo claridades a cada gesto...
> Saudade do ouro, todo puro
> Das tuas roupas de realeza,

Broslando a noite do meu sonho
Como num meio dia azul.
A asa desdobrada,
A asa luminosa do sol...
Saudade de Ti, que não vieste,
Surgindo, nesse aparato imaginário,
Para o eterno maravilhamento
Da minha alma em adoração...
Saudade de mim, nas longas horas imóveis das vigílias,
Atenta, a ver se chegavas,
Com os teus olhos diáfanos,
Como grandes auréolas serenas,
Os teus olhos hiperbóreos,
Os teus olhos como oceanos iluminados,
Dos mundos de bem-aventuranças... (MEIRELES, 2001).

Referências

BARCELOS, Walter. *Educadores do coração*. Belo Horizonte: União Espírita Mineira, 2007.

CAMPBELL, Eileen. *Tempo de viver, aprendendo a despertar para o momento*. Trad. Iva Sofia G. Lia. Rio de Janeiro: Sextante, 2004.

DELLANE, Gabriel. *Reencarnação*. 12. ed. Rio de Janeiro: FEB, 2001.

FRANCO, Divaldo Pereira. *Amanhecer de uma nova era*. Pelo Espírito Manoel Philomeno de Miranda. Salvador: LEAL, 2012.

_____. *A mensagem do amor imortal*. Pelo Espírito Amélia Rodrigues. Salvador: LEAL, 2008.

_____. *Amor, imbatível amor*. Pelo Espírito Joanna de Ângelis. Salvador: LEAL, 1998.

_____. *Atualidade do pensamento espírita*. Pelo Espírito Vianna de Carvalho. Salvador: LEAL, 1998.

_____. *Entrega-te a Deus*. Pelo Espírito Joanna de Ângelis. Catanduva: Intervidas, 2010.

_____. *Espiritismo e vida*. Pelo Espírito Vianna de Carvalho. Salvador: LEAL, 2009.

_____. *Jesus e o evangelho*: À luz da psicologia profunda. Pelo Espírito Joanna de Ângelis. Salvador: LEAL, 2000.

_____. *Jesus e vida*. Pelo Espírito Joanna de Ângelis. Salvador: LEAL, 2007.

_____. *Laços de família*. São Paulo: Edições USE, 1994.

_____. *Libertação pelo amor*. Pelo Espírito Joanna de Ângelis. Salvador: LEAL, 2005.

_____. *Luzes do alvorecer*. Pelo Espírito Joanna de Ângelis. Salvador: LEAL, 2008.

_____. *Messe de amor*. 8. ed. Pelo Espírito Joanna de Ângelis. Salvador: LEAL, 2005.

_____. *No longe do jardim*. 3. ed. Pelo Espírito Eros. Salvador: LEAL, 2001.

_____. *O despertar do espírito*. Pelo Espírito Joanna de Ângelis. Salvador: LEAL, 2000.

_____. *Temas da vida e da morte*. 4. ed. Pelo Espírito Manoel Philomeno de Miranda. Salvador: LEAL, 1996.

_____. *Transtornos psiquiátricos e obsessivos*. Pelo Espírito Manoel Philomeno de Miranda. Salvador: LEAL, 2008.

_____. *Transição planetária*. Pelo Espírito Manoel Philomeno de Miranda. Salvador: LEAL, 2012.

_____. *Viver e amar*. 4. ed. Pelo Espírito Joanna de Ângelis. Salvador: LEAL, 2010.

_____. *Vivendo com Jesus*. 1. ed. Pelo Espírito Amélia Rodrigues. Salvador: LEAL, 2012.

KARDEC, Allan. *A gênese*. 2. ed. Rio de Janeiro: FEB, 2007.

_____. *O evangelho segundo o espiritismo*. 124. ed. Rio de Janeiro: FEB, 2004.

_____. *O livro dos espíritos*. Edição comemorativa do Sesquicentenário. Rio de Janeiro: FEB, 2007.

_____. *Revista Espírita*, maio 1865, 4. ed. 1. imp. Brasília: FEB, 2015.

MEIRELES, Cecília. *Poesia completa*. Edição do centenário. Vol. 1. Rio de Janeiro: Nova Fronteira, 2001.

SIMONETTI, Richard. *Filhos adotivos*. Rio de Janeiro: Brasil Espírita, fevereiro 1972.

TEIXEIRA, José Raul. *Desafios da vida familiar*. 3. ed. Pelo Espírito Camilo. Niterói: Frater Livros Espíritas, 2012.

_____. *Vereda familiar*. 1. ed. Pelo Espírito Thereza de Brito. Niterói: Frater Livros Espíritas, 1991.

XAVIER, Francisco Cândido. *Alma e vida*. 1. ed. Pelo Espírito Maria Dolores. Jabaquara: Editora Cultura Espírita União, 1984.

_____. *Caminho, verdade e vida*. 28. ed. Pelo Espírito Emmanuel. Rio de Janeiro: FEB, 2012.

_____. *Estude e viva*. 13. ed. Pelos Espíritos Emmanuel e André Luiz. Rio de Janeiro: FEB, 2010.

_____. *Fonte viva*. Pelo Espírito Emmanuel. 36. ed. Rio de Janeiro: FEB, 2009.

_____. *O consolador*. 29. ed. Pelo Espírito Emmanuel. Rio de Janeiro: FEB, 2013.

_____. *Pensamento e vida*. 9. ed. Pelo Espírito Emmanuel, Rio de Janeiro: FEB, 1991.

XAVIER, Francisco Cândido; VIEIRA, Waldo. *Evolução em dois mundos*. 3. ed. Pelo Espírito André Luiz. Rio de Janeiro: FEB, 1971.

JB WIKI – *Jornal do Brasil*. www.brasilwiki.com.br